AF742700

भाई गबिले अकन्नी संदेश ऑडियो लिंक के साथ :

आरम्भ में परमेश्वर , सेवकाई में मनुष्य , और चोट खाया हुआ विजयी

गिबिले अकन्नी

संकलनकर्ता: राजदूत मंडे ओ. ओगबे

विषयसूची

लेखक के बारे में

22 जून को जन्मे डैडी गबिले अकन्नी, जिन्हें लोकप्रिय रूप से ब्रो गबिले अकन्नी कहा जाता है, एक नाइजीरियाई उपदेशक, लेखक और विश्व के प्रसिद्ध शिक्षक हैं। उनके पास एक अंतर-संप्रदायिक फ़ेलोशिप है जो सभी पृष्ठभूमि के ईसाइयों को आकर्षित करती है। वह कोई चर्च नहीं चलाते; वह एक घुमंतू उपदेशक हैं जो निमंत्रण पर एक संप्रदाय से दूसरे संप्रदाय में जाते हैं।

अपनी सादगी और खुद को "ग्बोको से भाई गबिले अकन्नी" के रूप में पेश करने की प्राथमिकता के लिए लोकप्रिय, वह पूरे देश में युवा और वृद्ध दोनों के लिए एक मार्गदर्शक हैं। वह पा एल्टन द्वारा अनुशासित ईसाई नेताओं की नस्ल में से एक हैं, जो पवित्र आत्मा के माध्यम से पृथ्वी के छोर तक ईश्वर के राज्य का संदेश ले जाते हैं।

गिबिले अकानी का जन्म ओयो राज्य के ओग्बोमोशो के मासिफा में एक "इफ़ा" (मूर्तिपूजक) परिवार में हुआ था।

उन्होंने इबादान विश्वविद्यालय से स्नातक की उपाधि प्राप्त की और बैपटिस्ट स्टूडेंट फेलोशिप के पूर्व छात्र हैं।
वह अपने आध्यात्मिक पालन-पोषण का श्रेय अपने बचपन के मित्र (रेव. डॉ. डूरोसिनजेसु अयानरिनोला) की दादी को देते हैं, जो हमेशा उनके लिए प्रार्थना करती रहती थीं कि वे अपने अंधकारमय परिवार में एक चमकती हुई ज्योति बनें।
"वह मुझे और मेरे बहुत ही करीबी दोस्त, डूरोसिनजेसु, जो उनका अपना पोता है, को 1970 और 1973 के बीच हर सुबह अपने घुटनों पर लाती थी, स्कूल जाने से पहले गहरी प्रार्थना और मध्यस्थता के लिए और दोपहर में हमारे लौटने पर, वह हमें फिर से अपनी कमर के चारों ओर इकट्ठा करती थी और अधिक प्रार्थना और धन्यवाद के लिए। वह चाहती थी और प्रार्थना करती थी कि मैं अपने बहुत ही अंधकारमय परिवार से "चमकता हुआ प्रकाश" बनूँ। जब घर पर मुझे सताया जाता था, तो वह एक "शरण" थी, जहाँ मैं भाग सकता था, जिसके शब्दों में सुखदायक आश्वासन था, "अकन्नी, तुम्हारे पिता को बुरा मत मानना... वे भी उन चीजों को छोड़ देंगे, जैसे मैंने अपनी मूर्ति पूजा छोड़ दी थी। मुझे चारों ओर से धमकाया गया, लेकिन मैंने अपने दिल में ठान लिया, मैं यीशु को अस्वीकार नहीं करूँगा। जब तक मैं मर नहीं जाता, मैं हमेशा उनकी सेवा करता रहूँगा।"

डैडी गबिले अकन्नी एक ऐसे व्यक्ति हैं जिन्हें बाइबल की बहुत अच्छी समझ है। वे 'लिविंग सीड' (एक साप्ताहिक संगति सभा) नामक मंत्रालय का नेतृत्व करते हैं, जिसका केंद्र गबोको, बेनुए राज्य नाइजीरिया में है, जहाँ वे रहते हैं।

यह मंत्रालय अंतर-संप्रदायिक है और देश के हर राज्य तक पहुंचता है। हर साल दिसंबर में होने वाले उनके मंत्रियों के नेतृत्व रिट्रीट में न केवल चर्च बल्कि सभी क्षेत्रों के 15,000 नेता शामिल होते हैं

अपने साथी "लिविंग सीड" में, गबिले अकन्नी सालाना आधार पर मंत्रियों के नेतृत्व रिट्रीट का आयोजन करते हैं। हर साल हज़ारों लोग इस जगह पर आते हैं। इससे कोई फ़र्क नहीं पड़ता कि उनकी उत्पत्ति, पृष्ठभूमि या कहानी क्या है। कोई भी व्यक्ति जो ईश्वर की तलाश करता है, वह गबिले अकन्नी के उपदेशों में उसे पा सकता है। श्री अकन्नी ने एक चर्च नहीं बनाया, बल्कि एक ऐसी जगह बनाई जहाँ विश्वासी ईश्वर के वचन की मदद से धर्मी शिष्य बन जाते हैं।

डैडी गबिल अकन्नी विश्वासियों को शिष्य बनाने के लिए प्रतिबद्ध हैं। उनके पास परमेश्वर के वचन की बहुत गहराई है। उनकी आधिकारिक शिक्षा बहुत चुनौतीपूर्ण और जीवन बदलने वाली है और उन्हें विश्वासियों को केवल यीशु मसीह पर अपना ध्यान केंद्रित करते हुए देखने की गहरी इच्छा है। उनकी ताकत के क्षेत्र शिक्षण और सुसमाचार प्रचार हैं

भाई गिबिले एक मेडिकल डॉक्टर, मम्मी (बहन) साडे अकन्नी से खुशहाल विवाहित हैं, और उनके चार बच्चे हैं और वे पीस हाउस गबोको, बेनुए राज्य, नाइजीरिया, पश्चिम अफ्रीका में रहते हैं।

डैडी (भाई) गबिले अकन्नी की पुस्तकें

एक विपुल लेखक के रूप में, डैडी (भाई) गबिले अकन्नी ने निम्नलिखित पुस्तकें लिखी हैं

- पुरुषत्व की गरिमा
- यीशु जैसा बनना
- महंगी धारणाएँ
- समय पर चेतावनी
- जब परमेश्वर बोलता है
- मौन श्रम
- यीशु जैसा बनना
- ईसाई जीवन की नींव
- मसीही सेवा के लिए परमेश्वर का नमूना
- मुझे एक पेय दे दो
- वैवाहिक संबंध
- ईश्वर की खोज
- अब दो नहीं
- मौन श्रम
- एक बासा हार्ट
- जीवन और सेवकाई के लिए परमेश्वर के संसाधनों का उपयोग करना
- शिष्यत्व की अवधारणा और शर्तों को समझना
- अमिट सौंदर्य
- परमेश्वर अपने पात्र में क्या देखता है
- जब वह आता है
- जब बल के लोगों को अधिक बल की आवश्यकता होती है
- जब स्वर्ग बंद हो जाता है
- हम मरने तक यहीं क्यों बैठे रहें?

लिविंग सीड मीडिया की आधिकारिक वेबसाइट के माध्यम से उनके मंत्रालय के अपडेट का अनुसरण कर सकते हैं।HYPERLINK "https://livingseed.org/"

भगवान ने मुझे पैसे दिए लेकिन मैंने मना कर दिया

साक्षात्कार में मैं सबसे योग्य था। कई पैनलिस्टों को पहले से ही अपनी पत्नियों से मेरे बारे में अच्छी रिपोर्ट मिल चुकी थी, जिन्हें मैंने अपने सेवा वर्ष में "गृह अर्थशास्त्र का भौतिकी" पाठ्यक्रम पढ़ाया था। उन्होंने यहाँ तक पुष्टि की,

"मि. अकानी, आपको नौकरी मिल गई है। हमें वास्तव में आपकी ज़रूरत है और हम आपको चाहते हैं। हमारी पत्नियाँ आपको भौतिकी पढ़ाने के लिए धन्यवाद देती हैं।"

मैंने नियुक्ति पत्र आने का व्यर्थ ही इंतजार किया। दूसरों को नियुक्त किया गया, लेकिन मुझे नहीं। मैं बहुत निराश था क्योंकि मेरे पास कोई “प्लान बी” नहीं था। मेरे पास भगवान के अलावा और कोई रास्ता नहीं था, जिसने मुझे इतने सालों में और खास तौर पर इस मुकाम तक इतनी स्पष्टता से पहुंचाया है।

मैं अभी भी इंतज़ार कर रहा था जब मेरे पास मौजूद सारे पैसे खत्म हो गए और मेरे सारे टॉयलेटरीज़ खत्म हो गए। मेरे पास सिर्फ़ 30 कोबो (नाइजीरियाई मुद्रा में सबसे कम मूल्यवर्ग, जो वास्तव में एक सेंट या पैनी से भी कम है) बचे थे।

मैं इतना निराश हो गया था कि मैंने अपना सामान पैक करके इबादान वापस जाने के बारे में सोचना शुरू कर दिया, जहाँ कई शिष्य मेरे लौटने का इंतज़ार कर रहे थे। एक दोपहर जब मैं प्रार्थना कर रहा था, तो मैंने भगवान से कहा,

"क्या इसलिए कि मेरे पास कहीं जाने के लिए कोई परिवहन किराया नहीं है, इसलिए आप मेरी जिंदगी को इस जगह पर बांध रहे हैं?"

तुरंत ही, परमेश्वर ने एक भाई को प्रेरित किया, जो शहर में एक बैंक में काम करता था, ताकि वह अपने अवकाश के समय मेरे लिए परिवहन का किराया लेकर आए। जब मैं अभी भी घुटनों के बल बैठा था, तो वह मेरे कमरे में आया और बोला,

"भाई गिबाइल, प्रभु ने मुझे यह पैसा तुरंत आपके पास लाने के लिए कहा है और यह उस यात्रा के लिए है जो आप करने वाले हैं। मुझे बैंक में अपनी डेस्क पर वापस जाना है।"

मैं प्रभु के किए पर काँप उठा और पैसे को छूने या भाई से लेने से डरने लगा, क्योंकि मैं देख रहा था कि यह मेरे लिए परमेश्वर की इच्छा के विरुद्ध जाने का एक प्रायोजन था। मैंने भाई से विनती की कि वह पैसे अपने पास रख ले क्योंकि मैं फिर से कोई यात्रा करने के लिए तैयार नहीं था।

जब भाई चला गया, तो मैंने आँसू बहाते हुए प्रभु की ओर देखा और उनसे माफ़ी माँगी। हालाँकि मेरे पास खाने के लिए कुछ नहीं था, फिर भी मैं अपने जीवन के लिए उनकी सिद्ध इच्छा से दूर नहीं जा सकता था। तब परमेश्वर ने मुझसे फिर से बात करना शुरू किया।

"मैं तुम्हें पैसों की कमी के कारण यहाँ नहीं रख रहा हूँ। अगर तुम जाना चाहते हो तो जाने के लिए स्वतंत्र हो।

लेकिन तुम जहां भी जाओ, तुम जो भी कर रहे हो, उपदेश दे रहे हो, गा रहे हो या शिक्षा दे रहे हो, यह मेरे सामने तुम्हारी गुप्त फाइल

में दर्ज हो जाएगा, 'गबिले को बेन्यू राज्य में मेरी सेवा करने के लिए तैनात किया गया था, लेकिन वह फरार हो गया है।' तुम्हारे पास जितना चाहो उतना धन हो सकता है, परन्तु मेरी उपस्थिति तुम्हें नहीं मिलेगी।”

गिबिले अकन्नी द्वारा रचित "ही लीड्स मी" से अंश

आरम्भ में परमेश्वर

ऑडियो संदेश लिंक नीचे:

https://podcasters.spotify.com/pod/show/otakada/episodes/Gbile-Akanni-Messages-In-the-beginning-God-e2knktm

सृष्टि की कहानी हमारे लिए कोई अनोखी बात नहीं है, इसलिए मेरा इरादा यह नहीं है कि हम उस कहानी को फिर से सुनाना शुरू करें। मैं यह मानकर चल रहा हूँ कि परमेश्वर के वचन के उस पहलू पर हमारी पकड़ मजबूत है, और मेरा मानना है कि सुसमाचार के प्रचारक होने के लिए आपके पास यह शांत विश्वास होना चाहिए कि दुनिया केवल विकास से ही आई है।

क्या हम इस पर एक साथ सहमत हो सकते हैं? कि शुरुआत में, भगवान। क्या यह ठीक है? कि शुरुआत में, भगवान। अब, यहीं से परमेश्वर का वचन शुरू होता है।

शुरुआत में, ईश्वर। इससे पहले ही यह साबित हो चुका है कि ईश्वर ने शुरुआत नहीं की। क्या यह सही है? वह हर शुरुआत का आरंभकर्ता है, लेकिन उसने खुद कभी शुरुआत नहीं की।

हमारा ईश्वर वह कारण है जो हर चीज़ को अस्तित्व में लाता है, लेकिन वह खुद किसी चीज़ के कारण नहीं है। हमारा ईश्वर आत्मनिर्भर ईश्वर है जो स्वर्ग और पृथ्वी पर हर चीज़ के लिए हर

तरह की पर्याप्तता प्रदान करता है, लेकिन वह खुद अस्तित्व में रहने के लिए किसी चीज़ पर निर्भर नहीं है। ईश्वर ईश्वर है।

क्या यह ठीक है? उत्पत्ति की पहली आयत से आगे कुछ भी देखने की ज़रूरत नहीं है, मेरा मतलब है अध्याय एक, पहली आयत। ज्ञान की शुरुआत ईश्वर का ज्ञान है। क्या यह ठीक है? अगर आपको इस बात पर संदेह है कि शुरुआत में ईश्वर थे, तो मुझे लगता है कि यहाँ हमारे रिश्ते का आधार दोषपूर्ण होगा।

तो क्या मैं आगे बढ़कर यह कह सकता हूँ कि हमारा बाइबलीय आधार यह है कि परमेश्वर की कोई शुरुआत नहीं है। क्या यह ठीक है? और उसका कोई अंत नहीं है। और परमेश्वर उन चीज़ों को अस्तित्व में लाता है जो अस्तित्व में नहीं हैं, मानो वे अस्तित्व में हों।

और उसने सब कुछ सहजता से किया। वह ईश्वर है। क्या यह ठीक है? अब, मुझे इस पर ज़ोर देने की क्या ज़रूरत थी? ईश्वर के बारे में वाक्पटुता से बात करना असंभव है, जिसके बारे में आप सोचते हैं कि वह कुछ दार्शनिक विचारों से बना है।

आपकी सेवकाई कमजोर होगी सिवाय एक व्यक्तिगत ईश्वर के प्रति आपके विश्वास के। एक ईश्वर जो एक व्यक्तित्व है। एक ईश्वर जो वास्तविक है।

एक ईश्वर जिसने सृष्टि की और सृष्टि की। एक ईश्वर जो चीज़ों को व्यवस्थित करता है और वह सब कुछ अपने ही परामर्श और अपने ही उद्देश्य के अनुसार करता है और ऐसा कुछ भी नहीं हुआ

जो पूरे ब्रह्मांड में कहीं भी हो, जिसमें स्वर्ग भी शामिल है जो उसके हाथ से बाहर हो। वह सबका प्रभारी है।

क्या हम आगे बढ़ने से पहले इस बात से सहमत हैं? ठीक है। यह अच्छी बात है। तो, हम यह नोट करना चाहते थे कि शुरुआत में, परमेश्वर ने आकाश और पृथ्वी का निर्माण किया।

यह ठीक है। भजन संहिता की पुस्तक में अन्य सभी शास्त्र, चाहे भजन 24 हो, भजन 115 हो, वे इस बात पर फिर से जोर देते हैं कि परमेश्वर ने सृष्टि की। परमेश्वर ने अपने भीतर से कल्पना की और जो कुछ हम अब देखते हैं, उसे गढ़ा।

क्या यह ठीक है? इब्रानियों की पुस्तक के अध्याय 11, मुझे लगता है कि श्लोक 2 में कहा गया है, विश्वास से हम विश्वास करते हैं और हम जानते हैं कि वर्तमान दुनिया जिसे हम अब देखते हैं वह क्या थी? परमेश्वर के वचन द्वारा जो हमने नहीं देखा था, उससे निर्मित, गढ़ी गई। तो, क्या अब आप उस तक पहुँच गए हैं? तो, हम उस बिंदु से आगे बढ़ते हैं। तो, अब हम जानते हैं कि हमारा धर्मशास्त्र सबसे पहले और सबसे महत्वपूर्ण रूप से इस तथ्य पर स्थापित है कि हमारा परमेश्वर एक व्यक्तित्व है, एक भावना नहीं है।

भले ही आप ईश्वर को महसूस कर सकते हैं, लेकिन ईश्वर स्वयं कोई भावना नहीं है। क्या यह ठीक है? हमारा ईश्वर हवा नहीं है। भले ही जब वह आता है, तो भूकंप आता है, लेकिन हमारा ईश्वर स्वयं भूकंप नहीं है।

क्या यह ठीक है? भले ही आग उसके आगे चलती है और आग उसके सिंहासन के चारों ओर है, लेकिन हमारा परमेश्वर स्वयं आग नहीं है। वह हवा, पानी, आग, भावनाओं जैसी अमूर्त चीजें नहीं है। नहीं।

वह एक व्यक्ति है, समझदार व्यक्ति। वह एक ऐसा व्यक्ति है जो गणना करता है, योजना बनाता है, और अपनी योजनाओं को विस्तार से क्रियान्वित करता है और जो चीजों को घटित करने के लिए अपने शब्दों का उपयोग करता है। और क्योंकि वह ईश्वर है, इसलिए हम यह नहीं कह सकते, और मैं जल्दी से यह कहना चाहता हूँ कि, यह कहने की चिंता न करें कि स्वर्ग के निर्माण से पहले ईश्वर कहाँ था? यह महत्वपूर्ण नहीं है।

यह एक बचकाना सवाल है। वह ईश्वर है जो सब कुछ महसूस करता है। और वास्तव में, कोई भी सृजित चीज़ उसे समाहित नहीं कर सकती।

क्या आप समझ रहे हैं? अगर भगवान किसी घर में रहना चाहते हैं, तो वे खुद को सीमित रखते हैं। कोई भी चीज़ उन्हें रोक नहीं सकती। कोई भी घर उन्हें रोक नहीं सकता।

इसलिए जब वह किसी मनुष्य के हृदय में वास करता है, तो यह ईश्वर की ओर से महान विनम्रता है। वह ऐसा होना चुनता है। क्या यह ठीक है? वह सर्वव्यापी है, यानी वह एक ही समय में हर जगह मौजूद है।

क्या अब आप समझ गए? भगवान को यह व्यवस्था करने और यह कहने की ज़रूरत नहीं है कि मैं अभी से 2 बजे तक यहाँ रहूँगा और फिर 3 बजे से तुम मुझे वहाँ मिलोगे। नहीं, वह एक ही समय में यहाँ और वहाँ दोनों जगह मौजूद है। क्या अब आप समझ गए? उसकी आँखें हमारी आँखों जैसी नहीं हैं।

हमारी अपनी आँखें एक समय में सिर्फ़ एक ही चीज़ पर ध्यान केंद्रित कर सकती हैं। लेकिन उसकी अपनी आँखें, हर जगह, हर जगह, हर मामले में, एक ही समय में सब कुछ देखती हैं। वह एक ही समय में सब कुछ देखता है।

तो अगर भगवान अब यहाँ देख रहे हैं, उसी समय जब वह बोको में हमें देख रहे हैं, वह अमेरिका में भी उन्हें देख रहे हैं, वह उन्हें हर जगह देख रहे हैं, और उनकी दृष्टि कभी भी धुंधली नहीं होती, क्योंकि वह किसी दूसरे व्यक्ति को देख रहे हैं। क्या अब आप इसे समझ गए हैं? अब, वह भगवान है। अगर यह कोर्स भगवान पर एक सैद्धांतिक धार्मिक कोर्स होता, तो हम बैठ जाते क्योंकि वह खुद ही अक्षय है।

संपूर्ण धर्मशास्त्र इस बात के अध्ययन के बारे में बात कर रहा है कि कौन? ईश्वर के बारे में। और हमें अपने जीवन और सेवकाई में इस इनपुट को शामिल करते रहना चाहिए। यह जानने के लिए नहीं कि क्या प्रचार करना है, बल्कि यह जानने के लिए कि हम किसका प्रचार करते हैं।

दानिय्येल ने कहा, जो लोग अपने परमेश्वर को जानते हैं, वे ही मजबूत होंगे और क्या करेंगे? महान कार्य। शायद यह ध्यान रखना महत्वपूर्ण है कि कोई भी व्यक्ति परमेश्वर की सेवा उससे बेहतर तरीके से नहीं कर सकता जितना वह उसके बारे में जानता है। और हमें परमेश्वर के व्यक्तित्व के बारे में अपने विश्वास को बढ़ाने के बारे में अस्पष्ट होने की आवश्यकता नहीं है।

लेकिन यह ठीक है, क्योंकि मैं और आप इस बात पर सहमत हैं कि हमें आकाश और पृथ्वी की उत्पत्ति के बारे में कोई समस्या नहीं है, कि यह ईश्वर है। क्या यह ठीक है? सभी विकासवादी सिद्धांतों को आने दें, उन्हें बाएं और दाएं आने दें। वास्तव में, इसका तथ्य से कोई लेना-देना नहीं है।

जब वे साबित कर देते हैं और साबित कर देते हैं और साबित कर देते हैं और साबित कर देते हैं, तो आप अचानक पाते हैं कि वे मूर्ख बन गए हैं। वे समझ ही नहीं पाते कि वे किस बारे में बात कर रहे हैं। और ईसाई पादरी, हम इस पर समझौता नहीं कर सकते।

हालाँकि यह मुद्दा वर्तमान में अफ्रीका में कोई बड़ा मुद्दा नहीं है, क्योंकि अफ्रीका ईश्वर में विश्वास करता है। यहाँ तक कि हमारे पिता जो यीशु मसीह को नहीं जानते, उन्हें भी यह जानने में कोई समस्या नहीं है कि ईश्वर है। इसलिए यहाँ यह कोई समस्या नहीं है।

लेकिन जब आप यूरोप में जाते हैं, तो ईश्वर को एक घटना के रूप में देखा जाता है। उन्हें एक दार्शनिक विचार के रूप में देखा जाता है। वे यह सोचना चाहते हैं कि ईश्वर सिर्फ़ एक विचार है।

वह एक व्यक्ति नहीं है। वह एक व्यक्ति है। हेलेलुया।

और इस बारे में कोई माफ़ी नहीं है। ठीक है? क्या मैं आगे बढ़ सकता हूँ? चलो दूसरी उत्पत्ति पर चलते हैं। चलो दूसरी उत्पत्ति पर चलते हैं।

शास्त्र में एक और उत्पत्ति है जो उत्पत्ति में उत्पत्ति नहीं है। यूहन्ना में आपको एक और उत्पत्ति मिलती है। क्या हम यूहन्ना के पास जा सकते हैं? फिर आपको वहाँ एक और उत्पत्ति दिखाई देगी।

और जो बात मुझे परेशान कर रही है, जिस पर मैं चाहता हूँ कि आप विचार करें, वह यह है कि यदि शुरुआत एक शुरुआत है, तो क्या यह ठीक है? यदि शुरुआत एक शुरुआत है, तो इसका मतलब यह है कि यूहन्ना अपनी उत्पत्ति में जिस बारे में बात कर रहा है, वह उत्पत्ति की उत्पत्ति ही होनी चाहिए। उलझन में हैं? ठीक है। अब, आप देखेंगे कि यूहन्ना अध्याय 1 में, श्लोक 1 में, उसने भी शुरू किया, उसने कहा, शुरुआत में, इस तरह के केवल दो शास्त्र हैं जो शुरुआत से संबंधित हैं।

और क्योंकि वह शुरुआत में ही इशारा करता है, मुझे लगता है कि उसके पास उत्पत्ति अध्याय 1 में बताई गई बातों का एक दृष्टिकोण होना चाहिए। क्या मैं सही हूँ? ठीक है। आगे पढ़ें।

शुरुआत में वचन था, और वचन परमेश्वर के साथ था, और वचन परमेश्वर था। वह शुरुआत में परमेश्वर के साथ था। सभी चीज़ें उसके द्वारा बनाई गई थीं, और उसके बिना, कुछ भी नहीं बनाया गया था जो बनाया गया था।

अब मुझे पता है कि आप जानते हैं कि वह किसके बारे में बात कर रहा है। वह किसके बारे में बात कर रहा है? वह यीशु मसीह के बारे में बात कर रहा है। तो, क्या हम भी मानते हैं, और हम स्पष्ट रूप से सोचते हैं, कि यीशु शुरुआत के कुछ समय बाद परमेश्वर में शामिल नहीं हुए? यीशु कब से थे? वह शुरू से ही वहाँ थे, इसलिए उनका भी कोई अंत नहीं है।

उसकी कोई शुरुआत नहीं है। हमारे लिए संतुलित सुसमाचार का प्रचार करना बहुत ज़रूरी है। जब हम कहते हैं कि यीशु परमेश्वर का पुत्र है, तो क्या मैं आपको बता सकता हूँ कि जब मरियम ने यीशु को जन्म दिया, तब वह परमेश्वर का पुत्र नहीं बन गया।

वह शाश्वत पुत्र रहा है। हममें से कोई नहीं जानता था, और हमें जानने की ज़रूरत नहीं है, और हम जान भी नहीं सकते, कि वह कब पुत्र था। वह शुरू से ही वहाँ था।

और इस अर्थ में, वास्तव में, वह परमेश्वर के साथ समानता साझा करता है। परमेश्वर पिता स्वयं उससे कहता है, उसने कहा, हे परमेश्वर, तेरा सिंहासन युगानुयुग है। लेकिन वह मनुष्य कैसे बना, यह एक अलग कहानी है, जिसके बारे में हम अलग ढंग से बात करने जा रहे हैं।

क्या यह ठीक है? अगर आप ऐसा मानते हैं, तो आप कहते हैं, आमीन। आप जानते हैं, आमीन का मतलब है, ऐसा ही हो। बस यही है।

एक बार जब आप किसी मामले पर आमीन कह देते हैं, तो उसके बारे में फिर कोई चर्चा नहीं होती। मामला सुलझ जाता है।

सेवकाई में मनुष्य की परमेश्वर की मूल अवधारणा

पॉडकास्ट ऑडियो लिंक नीचे है:

https://podcasters.spotify.com/pod/show/otakada/episodes/Bro-Gbile-Akanni-Messages-Gods-Original-Concept-Of-Man-In-Ministry-e2knl2s

अब, मैं आपसे उत्पत्ति की पुस्तक से पढ़ने के लिए कहने जा रहा हूँ। हम उत्पत्ति अध्याय 1 पढ़ेंगे और हम उत्पत्ति से संबंधित अन्य शास्त्रों का संदर्भ लेंगे।

सृष्टि की कहानी हमारे लिए कोई अनोखी बात नहीं है। इसलिए मेरा इरादा यह नहीं है कि हम उस कहानी को फिर से सुनाना शुरू करें। मैं यह मानकर चल रहा हूँ कि परमेश्वर के वचन के उस पहलू पर हमारी पकड़ मजबूत है।

और मेरा मानना है कि सुसमाचार के प्रचारक होने के लिए, आपको यह विश्वास नहीं होना चाहिए कि दुनिया केवल विकास से ही आई है। क्या हम इस पर एकमत हो सकते हैं? कि शुरुआत में, ईश्वर। क्या यह ठीक है? कि शुरुआत में, ईश्वर।

अब, यहीं से परमेश्वर का वचन शुरू होता है। शुरुआत में, परमेश्वर। इससे पहले ही साबित हो जाता है कि परमेश्वर ने शुरुआत नहीं की।

क्या यह ठीक है? वह हर शुरुआत का आरंभकर्ता है। लेकिन उसने खुद कभी शुरुआत नहीं की। हमारा परमेश्वर ही वह कारण है जो हर चीज़ को होने का कारण बनता है।

लेकिन वह खुद किसी चीज़ के कारण नहीं है। हमारा परमेश्वर स्वयं-पर्याप्त परमेश्वर है। वह स्वर्ग या पृथ्वी पर हर चीज़ के लिए हर तरह की पर्याप्तता प्रदान करता है।

लेकिन वह खुद अस्तित्व में रहने के लिए किसी चीज़ पर निर्भर नहीं है। ईश्वर ईश्वर है। क्या यह ठीक है? उत्पत्ति अध्याय 1 श्लोक 1 से आगे कुछ भी देखने की ज़रूरत नहीं है। बुद्धि की शुरुआत ईश्वर का ज्ञान है।

क्या यह ठीक है? अगर आपको इस बात पर संदेह है कि शुरुआत में ईश्वर था, तो मुझे लगता है कि यहाँ हमारे रिश्ते का आधार दोषपूर्ण होगा। तो क्या मैं आगे बढ़ सकता हूँ कि हमारा बाइबिल आधार यह है कि ईश्वर की कोई शुरुआत नहीं है। क्या यह ठीक है? और उसका कोई अंत नहीं है।

और वह ईश्वर उन चीज़ों को अस्तित्व में लाता है जो अस्तित्व में नहीं हैं, जैसे कि वे हैं। और उसने सब कुछ सहजता से किया। वह ईश्वर है।

क्या यह ठीक है? अब, मुझे इस पर ज़ोर देने की क्या ज़रूरत थी? ईश्वर के बारे में वाक्पटुता से बात करना असंभव है, जिसके बारे में आप सोचते हैं कि वह कुछ दार्शनिक विचारों से बना है। आपकी सेवकाई एक व्यक्तिगत ईश्वर के बारे में आपके विश्वास को छोड़कर कमज़ोर होगी। एक ईश्वर जो एक व्यक्तित्व है।

एक ईश्वर जो वास्तविक है। एक ईश्वर जिसने सृष्टि की और सृष्टि की। एक ईश्वर जो चीज़ों को व्यवस्थित करता है और वह सब कुछ अपने परामर्श और अपने उद्देश्य के अनुसार करता है और पूरे ब्रह्माण्ड में कहीं भी कुछ भी ऐसा नहीं हुआ जो उसके हाथ से बाहर हो, चाहे वह स्वर्ग ही क्यों न हो।

वह सबका प्रभारी है। क्या मैं आगे बढ़ने से पहले इस बात पर सहमत हूँ? ठीक है। यह अच्छी बात है।

इसलिए हम यह बताना चाहते थे कि शुरुआत में परमेश्वर ने आकाश और पृथ्वी की रचना की। यह ठीक है। भजन संहिता की पुस्तक के सभी अन्य शास्त्र, चाहे भजन 24 हो, भजन 115, वे इस बात पर फिर से ज़ोर देते हैं कि परमेश्वर ने सृष्टि की।

परमेश्वर ने अपने भीतर से कल्पना की और जो हम अब देखते हैं उसे गढ़ा। क्या यह ठीक है? इब्रानियों की पुस्तक के अध्याय 11 में मेरा अनुमान है कि श्लोक 2 में कहा गया है, विश्वास से हम विश्वास करते हैं और हम जानते हैं कि जो वर्तमान संसार हम अब देखते हैं वह क्या था? परमेश्वर के वचन के द्वारा जो हमने नहीं

देखा था, उससे गढ़ा गया। तो क्या अब आप उस तक पहुँच गए हैं? तो हम उस बिंदु से आगे बढ़ते हैं।

तो अब हम जानते हैं कि हमारा धर्मशास्त्र सबसे पहले और सबसे महत्वपूर्ण रूप से इस तथ्य पर स्थापित है कि हमारा ईश्वर एक व्यक्तित्व है, कोई भावना नहीं है। भले ही आप ईश्वर को महसूस कर सकते हैं, लेकिन ईश्वर स्वयं कोई भावना नहीं है। क्या यह ठीक है? हमारा ईश्वर हवा नहीं है।

भले ही जब वह आता है तो भूकंप आता है, लेकिन हमारा परमेश्वर स्वयं भूकंप नहीं है। क्या यह ठीक है? भले ही आग उसके आगे चलती है और आग उसके सिंहासन को घेर लेती है, लेकिन हमारा परमेश्वर स्वयं आग नहीं है। यह हवा, पानी, आग, भावनाओं जैसी अमूर्त चीजें नहीं हैं।

नहीं, यह एक व्यक्ति है। समझदार व्यक्ति।

यह एक ऐसा व्यक्ति है जो गणना करता है, जो योजना बनाता है, और जो अपनी योजनाओं को विस्तार से क्रियान्वित करता है और जो चीजों को घटित करने के लिए अपने शब्दों के माध्यम का उपयोग करता है और क्योंकि वह ईश्वर है। हम ऐसा नहीं कर सकते, और मैं जल्दी से यह कहना चाहता हूँ कि, यह कहने की चिंता न करें कि स्वर्ग के निर्माण से पहले ईश्वर कहाँ था? यह महत्वपूर्ण नहीं है। यह एक बचकाना सवाल है।

यह ईश्वर ही है जो सब कुछ भरता है। और वास्तव में कोई भी सृजित वस्तु उसे समाहित नहीं कर सकती। क्या आप समझ रहे हैं? यदि ईश्वर किसी घर में निवास करना चाहता है, तो वह बस खुद को विवश करता है।

कोई भी चीज़ उसे अपने अंदर समाहित नहीं कर सकती। कोई भी घर उसे अपने अंदर समाहित नहीं कर सकता। इसलिए जब वह किसी मनुष्य के हृदय में वास करता है, तो यह ईश्वर की ओर से महान विनम्रता है।

वह ऐसा होना चुनता है। क्या यह ठीक है? वह सर्वव्यापी है, यानी वह एक ही समय में हर जगह मौजूद है। क्या अब आपको यह समझ में आया? भगवान को यह व्यवस्था करने और कहने की ज़रूरत नहीं है कि मैं अभी से 2 बजे तक यहाँ रहूँगा और फिर 3 बजे से तुम मुझसे वहाँ मिलोगे।

नहीं, वह एक ही समय में यहाँ और वहाँ दोनों जगह है। क्या अब तुम्हें समझ में आया? उसकी आँखें, हमारी आँखों जैसी नहीं हैं। हमारी अपनी आँखें एक समय में सिर्फ़ एक ही चीज़ पर ध्यान केंद्रित कर सकती हैं।

लेकिन उसकी अपनी आँखें, वह हर जगह, हर जगह, हर मामले में, एक ही समय में सब कुछ देखता है। वह सब कुछ एक ही समय में देखता है। इसलिए अगर ईश्वर अब यहाँ देख रहा है, उसी समय जब वह बोको में हमें देख रहा है, तो वह अमेरिका में भी उन्हें देख

रहा है, वह उन्हें हर जगह देख रहा है, और उसकी दृष्टि कभी भी धुंधली नहीं होती, क्योंकि वह किसी दूसरे व्यक्ति को देख रहा है।

क्या अब आप इसे समझ गए हैं? अब, वह ईश्वर है। यदि यह पाठ्यक्रम ईश्वर पर एक सैद्धांतिक, धार्मिक पाठ्यक्रम होता, तो हम बैठ जाते क्योंकि वह स्वयं ही अक्षय है। संपूर्ण धर्मशास्त्र अध्ययन के बारे में बात कर रहा है, किसके बारे में? ईश्वर के बारे में।

और हमें अपने जीवन और सेवकाई में इस तरह के योगदान को जारी रखने की ज़रूरत है। यह नहीं कि हमें क्या प्रचार करना है, बल्कि यह कि हम किसका प्रचार करते हैं। दानिय्येल ने कहा, जो लोग अपने परमेश्वर को जानते हैं, वे ही मजबूत होंगे और क्या करेंगे? महान कार्य करेंगे।

शायद यह ध्यान रखना महत्वपूर्ण है कि कोई भी व्यक्ति परमेश्वर की सेवा उससे बेहतर तरीके से नहीं कर सकता जितना वह उसके बारे में जानता है। और हमें परमेश्वर के व्यक्तित्व के बारे में अपने विश्वास को बढ़ाने के बारे में अस्पष्ट होने की आवश्यकता नहीं है। लेकिन यह ठीक है क्योंकि मैं और आप सहमत हैं कि हमें आकाश और पृथ्वी की उत्पत्ति के बारे में कोई समस्या नहीं है, कि यह परमेश्वर है।

क्या यह ठीक है? सभी विकासवादी सिद्धांतों को, उन्हें बाएं और दाएं आने दें। वास्तव में, इसका तथ्य से कोई लेना-देना नहीं है। जब वे साबित हो जाते हैं और साबित हो जाते हैं और साबित हो

जाते हैं और साबित हो जाते हैं और साबित हो जाते हैं, तो आपको अचानक पता चलता है कि वे मूर्ख बन गए हैं।

वे समझ ही नहीं पाते कि वे किस बारे में बात कर रहे हैं। और ईसाई मंत्री, हम इस पर समझौता नहीं कर सकते। भले ही यह मुद्दा वर्तमान में अफ्रीका में कोई बड़ा मुद्दा नहीं है।

क्योंकि अफ्रीका ईश्वर में विश्वास करता है। यहाँ तक कि हमारे पिता जो ईसा मसीह को नहीं जानते, उन्हें भी यह जानने में कोई समस्या नहीं है कि ईश्वर है। इसलिए यहाँ कोई समस्या नहीं है।

लेकिन जब आप यूरोप में जाते हैं, तो ईश्वर को एक घटना के रूप में देखा जाता है। उन्हें एक दार्शनिक विचार के रूप में देखा जाता है। वे यह सोचना चाहते हैं कि ईश्वर सिर्फ़ एक विचार है।

वह एक व्यक्ति नहीं है। वह एक व्यक्ति है। हेलेलुया।

और इस बारे में कोई माफ़ी नहीं है। ठीक है? क्या मैं आगे बढ़ सकता हूँ? अगर आप ऐसा मानते हैं, तो आप आमीन कहते हैं। आप जानते हैं, आमीन का मतलब है ऐसा ही हो।

बस इतना ही। जब आप किसी मामले पर आमीन कह देते हैं, तो उसके बारे में फिर कोई चर्चा नहीं होती। मामला सुलझ जाता है।

यह तय हो गया। ठीक है। अब, लेकिन जब उत्पत्ति अध्याय एक की पहली आयत ने एक मामले को स्पष्ट रूप से स्थापित कर

दिया था, तो दूसरी आयत कुछ ऐसी बात से शुरू हुई जिसे हम अलग दृष्टिकोण से जाँच सकते हैं।

लेकिन मैं आज सुबह बहुत जल्दी कुछ परिप्रेक्ष्य प्रस्तुत करना चाहता हूँ जिसका हम शास्त्रों के माध्यम से अनुसरण करने जा रहे हैं और देखेंगे कि मैं किस बारे में बात कर रहा हूँ। पृथ्वी निराकार और शून्य थी। और अंधकार गहरे सागर के ऊपर था।

और परमेश्वर का आत्मा जल के ऊपर था। तब परमेश्वर ने कहा, उजियाला हो। और उजियाला हो गया।

अब, मुझे पद तीन और चार में जाने से पहले यह कहना होगा कि मुझे ऐसा लगता है, और मैं इसे बहुत सावधानी से इस्तेमाल कर रहा हूँ, कि क्या ऐसा हो सकता है कि पद एक और पद दो के बीच कुछ हुआ हो? क्योंकि जिस परमेश्वर ने स्वर्ग बनाया, उसी ने पृथ्वी भी बनाई। और अगर स्वर्ग बनाया गया था और उसका आकार था, तो मुझे नहीं लगता कि परमेश्वर ने मूल रूप से पृथ्वी को आकारहीन बनाया था। एह? मैं नहीं सोचूंगा कि परमेश्वर ने पृथ्वी को शून्य, आकारहीन, खाली, बिना आकार का बनाने का इरादा किया था, और अंधकार को पूरी जगह पर छाने का इरादा किया था।

मैं आपको बताता हूँ कि कहीं कुछ गलत हुआ है। जिसके लिए परमेश्वर पृथ्वी को मुक्त करने के लिए प्रतिक्रिया कर रहा था। ताकि परमेश्वर पृथ्वी के चेहरे पर आकार, अर्थ और ध्यान बहाल कर सके।

और मैं इसे और आगे बढ़ाना चाहता हूँ, खासकर जैसा कि हम यहाँ देखेंगे। इसमें लिखा है, और परमेश्वर का आत्मा जल के ऊपर था। तब परमेश्वर ने कहा, प्रकाश हो।

और प्रकाश हुआ। अब, आम तौर पर, आम तौर पर, जब आप पद तीन को पढ़ते हैं, और आप पद चार को पढ़ते हैं, पद पाँच तक, सबसे पहले आपके मन में क्या आएगा, जो मेरे मन में कई सालों से आता है, वह यह था कि जब भगवान ने कहा, प्रकाश हो, भगवान बस प्रकाश के बारे में बोल रहे थे जिसे प्रकाश की कमी को दूर करने के लिए रोशनी के रूप में परिभाषित किया गया है। मैं इसे कैसे परिभाषित करूँ, इस पर संघर्ष कर रहा हूँ।

क्या आप समझते हैं? अब, आप कल्पना कर सकते हैं कि हम जिस अंधकार की बात कर रहे हैं, वह अंधकार वह अंधकार है जो आपको चीजों को स्पष्ट रूप से देखने से रोकता है। और आपको प्रकाश की आवश्यकता है, जैसे सूर्य का प्रकाश, मोमबत्ती की रोशनी, फ्लोरोसेंट रोशनी। मैं इस समझ के साथ संतुष्ट हो जाता कि हाँ, जब परमेश्वर ने कहा, प्रकाश हो, तो वह उस तरह की चीज़ से निपट रहा था जब तक कि हम श्लोक 14 तक नहीं पहुँच जाते।

और मैंने पाया कि वास्तव में श्लोक 14 में, परमेश्वर ने अब क्या बनाया? दिन को रात से अलग करने के लिए आकाश के आकाश में ज्योतियाँ। और उन्हें चिह्नों, ऋतुओं, दिनों और वर्षों के लिए होने दें। क्या आपने श्लोक 14 से अब तक देखा है, जिससे हम परिचित हैं, सूर्य का प्रकाश, और मुझे आशा है कि आप जानते होंगे

कि हम सूर्य के प्रकाश की माप के अनुसार दिनों, ऋतुओं, वर्षों की संख्या गिनते हैं।

क्या मैं सही हूँ? ठीक है। तो, इसका मतलब है कि जिस प्रकाश के बारे में हम श्लोक 3, श्लोक 4, श्लोक 5 में बात कर रहे हैं, क्या तुम मेरे साथ हो? अलग है। अरे, क्या मैं तुम्हारे साथ संवाद कर रहा हूँ? इसका मतलब यह था कि यह अलग है।

और अगर यह अलग है, तो हमें इसका अध्ययन करने की ज़रूरत है। क्योंकि ऐसा लगता है कि जो अंधकार पूरी धरती को शून्य बना रहा है, वह शाम के समय का अंधकार नहीं है। ऐसा लगता है कि वह अंधकार एक व्यक्तित्व है।

मुझे थोड़ा आगे जाना चाहिए। ऐसा लगता है कि वह प्रकाश, मेरा मतलब है कि अंधकार एक व्यक्तित्व है। और यह भी लगता है कि भगवान ने जो प्रकाश बुलाया वह भी क्या है? एक व्यक्तित्व।

अब आप देखेंगे कि परमेश्वर ने उजाले को देखा कि यह अच्छा है। और परमेश्वर ने उजाले को अन्धकार से अलग किया।

और परमेश्वर ने प्रकाश को क्या कहा? दिन। मेरी बाइबल में, दिन शब्द बड़े अक्षरों में लिखा है ।

और वह अंधकार को क्या कहता है? रात। और आप देखेंगे कि जब हम अब श्लोक पर गए और फिर आप देखेंगे कि श्लोक 5 के अंत में उन्होंने कहा, तो शाम और सुबह पहला दिन था। क्या आपने

परमेश्वर के वचन का उपयोग देखा? और वे दो अलग-अलग मामलों के बारे में बात कर रहे हैं।

इसमें कहा गया है, प्रकाश को दिन कहा जाए। व्यक्ति दिवस। और अंधकार को रात कहा जाए।
राजधानी रात । और आपको यह जानना चाहिए कि यह दिन 1, दिन 2, दिन 3, दिन 4, दिन 5, दिन 6, दिन 7 का मामला नहीं है। अब आप कहते हैं, शाम और सुबह पहला दिन है। क्या आप समझ रहे हैं? खेद है कि हम शास्त्रों की खोज कर रहे हैं और हमें अध्ययन करने की आवश्यकता है क्योंकि हमें यह समझने की आवश्यकता है कि सेवकाई में मनुष्य की क्या आवश्यकता है? परमेश्वर को अपनी सेवकाई में किस तरह के मनुष्य की आवश्यकता है? यही वह है जिसकी हम अब यहाँ तलाश कर रहे हैं।

अब, क्या मैं यहाँ से थोड़ा दूर जा सकता हूँ? और फिर हम जल्दी से आगे बढ़ते हैं। चलो आगे बढ़ते हैं। चलो दूसरी उत्पत्ति की ओर चलते हैं।

आइए हम दूसरी उत्पत्ति पर चलते हैं। शास्त्र में एक और उत्पत्ति है जो उत्पत्ति में उत्पत्ति नहीं है। जॉन में आपको एक और उत्पत्ति मिलती है ।

उत्पत्ति देखेंगे । और जो बात मुझे परेशान कर रही है, जिस पर मैं चाहता हूँ कि आप विचार करें, वह यह है कि अगर शुरुआत एक शुरुआत है तो क्या यह ठीक है? अगर शुरुआत एक शुरुआत है तो इसका मतलब यह है कि जॉन अपनी उत्पत्ति में जिस बारे में बात

कर रहा है, वह उत्पत्ति की उत्पत्ति ही होनी चाहिए। क्या आप भ्रमित हैं? ठीक है।

अब, आप देखेंगे कि यूहन्ना अध्याय 1 में अब श्लोक 1 में भी उन्होंने कहा, उन्होंने कहा कि शुरुआत में इस तरह के केवल दो शास्त्र हैं जो शुरुआत से संबंधित हैं। और क्योंकि वह शुरुआत की ओर इशारा करता है, मुझे लगता है कि उसके पास उत्पत्ति अध्याय 1 में भी जो बात कही गई है, उसका एक दृष्टिकोण होना चाहिए। क्या मैं सही हूँ? ठीक है, आगे बढ़ें।

शुरुआत में शब्द था और शब्द परमेश्वर के साथ था और शब्द परमेश्वर था। वह शुरुआत में परमेश्वर के साथ था। सभी चीजें उसके द्वारा बनाई गई थीं और उसके बिना कुछ भी नहीं बनाया गया था।

अब मुझे पता है कि आप जानते हैं कि वह किसके बारे में बात कर रहा है। वह किसके बारे में बात कर रहा है? वह यीशु मसीह के बारे में बात कर रहा है। तो, क्या हम भी मानते हैं और हम स्पष्ट रूप से जानते हैं कि यीशु शुरुआत के कुछ समय बाद परमेश्वर में शामिल नहीं हुए।

यीशु कब से थे? वे शुरू से ही वहाँ थे इसलिए उनका कोई अंत नहीं है। उनकी कोई शुरुआत नहीं है। हमारे लिए संतुलित सुसमाचार का प्रचार करना बहुत ज़रूरी है।

जब हम कहते हैं कि यीशु परमेश्वर का पुत्र है। क्या मैं आपको बता सकता हूँ कि जब मरियम ने यीशु को जन्म दिया, तब वह परमेश्वर का पुत्र नहीं बन गया। वह शाश्वत पुत्र रहा है।

हममें से कोई नहीं जानता था और हमें जानने की ज़रूरत भी नहीं है और हम यह भी नहीं जान सकते कि वह कब बेटा था। वह शुरू से ही वहाँ था। और इस अर्थ में वह वास्तव में ईश्वर के बराबर है।

वह परमेश्वर पिता स्वयं उससे कहता है, हे परमेश्वर तेरा सिंहासन युगानुयुग बना रहेगा। लेकिन वह मनुष्य कैसे बना, यह एक अलग कहानी है जिसके बारे में हम अलग ढंग से बात करने जा रहे हैं। क्या यह ठीक है? अब वह शुरुआत कहती है कि वह शुरुआत में परमेश्वर के साथ था और सभी चीजें उसके द्वारा बनाई गई थीं और उसके बिना कुछ भी नहीं बनाया गया था जो बनाया गया था।

मेरा मानना है कि हमें यीशु को अपनी पीढ़ी के सामने उचित तरीके से पेश करने के लिए उसके बारे में स्पष्ट समझ होनी चाहिए। लेकिन यह अभी भी वह मुद्दा नहीं है जिस पर मैं अभी बात करना चाहता हूँ। अब मैं चाहता हूँ कि हम श्लोक चार पर जाएँ।

यह कहता है कि उसमें जीवन था और जीवन मनुष्य का प्रकाश था? और प्रकाश अंधकार में चमकता है और अंधकार इसे समझ नहीं पाया। अब क्या और उसने कहा कि यह कब है? शुरुआत में। अब अगर तुम वहाँ से भागो तो वहाँ एक आदमी था जिसे परमेश्वर

की ओर से भेजा गया था जिसका नाम जॉन था यह आदमी गवाही देने के लिए आया था कि किस बात की गवाही दे? प्रकाश कि उसके माध्यम से सब लोग विश्वास कर सकें।

वह वह प्रकाश नहीं था। अब मुझे नहीं पता कि आप अपनी बाइबल को बहुत ध्यान से पढ़ रहे हैं या नहीं और जब उसने कहा कि वह वह प्रकाश नहीं था तो इसका क्या मतलब है? वह किस प्रकाश की ओर इशारा कर रहा है? वह प्रकाश जिस पर मैं हूँ । लेकिन उसे उस प्रकाश की गवाही देने के लिए भेजा गया था और वह सच्चा प्रकाश था जो दुनिया में आने वाले हर आदमी को प्रकाश देता है।

क्या यह समझ में आता है? बहुत जल्दी। कि जब परमेश्वर अंधकार की समस्या से निपटना चाहता था जो दुनिया और पृथ्वी को बिना फोकस के शून्य, आकारहीन बना रहा था, अन्य संस्करणों ने कहा कि यह एक अव्यवस्थित द्रव्यमान था, अव्यवस्थित शब्द का अर्थ है कि यहाँ और वहाँ भ्रम है, यह भयानक था और परमेश्वर को उस अंधकार से निपटने के लिए क्या चाहिए था? वह प्रकाश। उसने कहा कि प्रकाश हो और बाइबिल ने कहा और प्रकाश था और प्रकाश अंधकार में चमकता है और अब उसने क्या कहा? और अंधकार ने इसे समझा नहीं, इसने इसे निगला नहीं, इसने इसे जीता नहीं, इसने इसे दूर नहीं किया जब प्रकाश चमकने लगा तो अंधकार का क्या हुआ? अंधकार इकट्ठा हुआ और अलग हो गया और आप जानते हैं कि एक कोने में खड़ा हो गया, जबकि प्रकाश पृथ्वी के चेहरे पर चमक रहा था।

हल्लिलूय्याह क्या मैं थोड़ा और आगे जा सकता हूँ? आपको उत्पत्ति अध्याय 1 में याद है

वह कहता है और भगवान ने प्रकाश और अंधकार के बीच एक सीमांकन किया है, आप देखते हैं कि वे प्रकाश और अंधकार को मिला नहीं सकते हैं, वे कभी मित्र नहीं हो सकते हैं, वे कभी सह-अस्तित्व में नहीं रह सकते हैं, जब भी प्रकाश चमकता है, अंधेरे का क्या होता है? उसे दौड़ चुननी होगी और जाकर उस दूरी पर खड़ा होना होगा, अंधकार पर विजय पाने वाली जीत चिल्लाने की बात नहीं थी, अंधकार पर विजय पाने वाली जीत क्या थी? यह प्रकाश था जो चमकता है, क्या यह ठीक है? लेकिन फिर यह शास्त्र अब कहता है और यह प्रकाश मोमबत्ती की रोशनी नहीं है, यह सूर्य का प्रकाश नहीं है, यह चांदनी नहीं है, यह फ्लोरोसेंट प्रकाश नहीं है, यह कहा गया था कि उसमें क्या था? क्या जीवन था यदि आप अपने शास्त्र को पढ़ते हैं, तो यह कहा गया था कि उसमें जीवन था और जीवन प्रकाश था और प्रकाश चमकता है और आपके लिए यह जानना कि यह वह प्रकाश है,

रात अब इसका अनुसरण करते हुए आप 1 थिस्सलुनीकियों के अध्याय 5 की आयत 4 में जाएँ लेकिन आप भाई लोग अंधकार में नहीं हैं ताकि यह दिन आपको चोर के रूप में आ जाए आमतौर पर आप उस दिन का अनुवाद किस रूप में करना चाहेंगे? एक दिन के रूप में, वर्ष के ३६५ दिनों में से एक कैलेंडर दिन, यह सामान्य तरीका है जिससे हम उस दिन के बारे में सोचना चाहेंगे लेकिन मुझे आश्चर्य है कि फिर से मेरे अपने धर्मग्रंथ में यह दिन पूंजी थी,

पूंजी है, वह आपको चोर के रूप में आ जाएगा और आप सभी प्रकाश के पुत्र हैं और किसके पुत्र हैं? दिन के बारे में वह बोलचाल की भाषा में बोल रहा है? यह मुझे ऐसा लगता है जैसे कि दिन एक व्यक्ति है जिसके बच्चे हो सकते हैं, जो उसके वंशज हो सकते हैं इसलिए हमें दूसरों की तरह सोना नहीं चाहिए बल्कि हमें जागते रहना चाहिए और जो सोते हैं वे रात में सोते हैं और जो नशे में होते हैं वे रात में नशे में होते हैं इसलिए आयत 8 जो दिन के हैं, वे विश्वास और प्रेम का कवच और उद्धार की आशा का टोप पहनकर सचेत रहें ।

तो , क्या आपने देखा कि तब यह संभव है कि कुछ लोग प्रकाश के बच्चे कहलाएंगे, बाइबल में ऐसा कुछ है और कुछ लोग हैं जिन्हें अंधकार के बच्चे कहा जाता है और बाइबल कुछ लोगों को दिन के बच्चे कहती है और कुछ लोगों को रात के बच्चे कहती है और यह स्पष्ट है कि यह उस दिन के बारे में बात नहीं कर रही है जो सुबह 6 बजे से शाम 6 बजे तक और रात के बारे में जो शाम 7 बजे से सुबह 5 बजे तक होती है, क्या आप मेरे साथ हैं? क्या मैं उस मामले को छोड़ सकता हूँ और आगे बढ़ सकता हूँ?

मैं बस यह चाहता हूं कि हम यहां एक मामला स्थापित करें जैसे कि शुरुआत में भगवान ने पहचान लिया कि एक अंधकार है जो पूरी पृथ्वी को अराजक, बिना आकार के भ्रमित करने की कोशिश कर रहा है और उस अंधकार में एक व्यक्तित्व है, एक व्यक्तित्व है और उस अंधकार में इससे निपटने का एकमात्र उपाय उपदेश नहीं, बात करना नहीं, चिल्लाना नहीं है यह क्या है? एक प्रकाश जो क्या

कर रहा है? जो चमक रहा है जिसे अंधकार समझ नहीं सकता है लेकिन यह विशेष प्रकाश जिसके बारे में हम बात कर रहे हैं वह क्या है? क्या एक जीवन है क्या मैं आपसे संवाद कर रहा हूं? वह प्रकाश जो अंधेरे में चमकता है वह जीवन है, अब आप इसे कैसे कहते हैं? क्या यह जीवन का प्रकाश है या जीवन में स्थित प्रकाश है, आप इसे जो भी नाम देना पसंद करते हैं, लेकिन ध्यान दें कि हम प्रकाश की बात कर रहे हैं, वह क्या है? वह जीवन है, हम उस प्रकाश की बात नहीं कर रहे हैं जिसे आप लेकर चलते हैं, हम उस प्रकाश की बात कर रहे हैं जो स्थापित है और किसमें स्थित है? जीवन में , एक जीवन जो प्रकाश के रूप में चमकता है, वह क्या करेगा भगवान की स्तुति सही है और ऐसा प्रतीत होता है कि शुरुआत में एक बार भगवान ने देखा कि प्रकाश ठीक था, अच्छा प्रकाश चमक रहा था और इसने अंधकार को दूर रखा ताकि हर दूसरी चीज व्यवस्थित हो सके ।

दीजिए , पृथ्वी को व्यवस्थित करना एक बेकार काम होगा जब कोई प्रकाश न हो जो अंधकार को दूर रख सके, आप जो कुछ भी कर रहे हैं, जबकि कोई तेज प्रकाश नहीं है जो अंधेरे में चमकता हो और वह प्रकाश जो अंधेरे में चमकता है जिसे अंधेरा समझ नहीं सकता, उस अंधेरे को वहीं रखता है और फिर बाकी हर चीज पैटर्न के अनुसार, स्वाद के अनुसार की जा रही है, यह सोचने के लिए कि आप पुनर्गठित कर सकते हैं, सुधार कर सकते हैं, पृथ्वी पर अराजक स्थिति को नियंत्रित कर सकते हैं बिना एक प्रकाश के जो जीवन में चमक रहा है, एक बेकार काम करते रहना है, जानते हो क्यों? जब आप सब कुछ कर लेते हैं तो क्या होता है? अंधेरा फिर

आता है, इसे बिखेरता है और बिखेरता है और आप कहते हैं कि अहा, स्वयं भगवान भी बेकार काम नहीं करेंगे ।

परमेश्वर स्वयं सबसे पहले प्रकाश अर्थात् जीवन के विषय को सुलझाएगा । ठीक है , क्या आप इसे इस बिंदु तक समझते हैं इससे पहले कि हम आगे बढ़ें ? अब , ऐसा प्रतीत होता है कि हर दूसरी चीज़ क्यों चल रही थी, खेती-बाड़ी होने दें, यह होने दें, यह होने दें, यह होने दें, वह रोशनी कहाँ थी? वह रोशनी चमक रही थी, वह रोशनी हर जगह फैल रही थी और यह अंधकार को एक कोने में अलग कर देती है और सब कुछ चलता रहता है, सब कुछ ठीक से सेट था, अब हम पद २६ पर आते हैं, तब परमेश्वर ने कहा हम मनुष्य को अपनी छवि के अनुसार अपनी समानता में बनाएं, उनका समुद्र की मछलियों, आकाश के पक्षियों, और घरेलू पशुओं, सारी पृथ्वी पर और हर रेंगने वाले जन्तु पर जो पृथ्वी पर रेंगता है, अधिकार हो, इसलिए परमेश्वर ने मनुष्य को अपनी छवि के अनुसार बनाया, परमेश्वर की छवि में उसने उसे नर और नारी बनाया, उसने उन्हें बनाया ।

अब एक प्रश्न है जिसका सामान्यतः उत्तर नहीं दिया गया है जब लोग कहते हैं कि हम ईश्वर की छवि में बने हैं, कभी-कभी आप कल्पना करते हैं कि ईश्वर की छवि इसलिए है क्योंकि उसकी नाक है, उसकी दो आंखें हैं, दो पैर, दो हाथ और दो स्तन हैं, बहुत बड़े स्तन हैं और फिर बहुत शक्तिशाली है और उसकी लंबी दाढ़ी है, आप जानते हैं कि यह एक वृद्ध पिता की तरह है, इसलिए आप जानते हैं कि हमारे पास ईश्वर की छवि के बारे में सभी प्रकार की

तस्वीरें हैं और इसलिए कभी-कभी जब आप किसी को कहते हुए देखते हैं कि यह ईश्वर की छवि है, जबकि मेरे पास आपसे यह कहने का कोई कारण नहीं है कि आप इस पर विश्वास न करें और यह प्रचार करना जारी न रखें क्योंकि यह खतरनाक नहीं है, यह अच्छा है, क्या आप इसे समझ रहे हैं, यह ठीक है लेकिन हमें यह समझने की आवश्यकता है कि हमें धर्मग्रंथों की खोज करने की आवश्यकता है कि ईश्वर की आवश्यक छवि क्या है, वह क्या है जिसे ईश्वर ने मनुष्य में बनाया है, खासकर जब आप अब बाइबल को बहुत बारीकी से समझने के लिए वापस जाते हैं, यहां तक कि सृष्टि को भी, तो आप पाएंगे कि ईश्वर द्वारा मनुष्य को एक जीवित आत्मा बनाने से पहले उसने सबसे पहले क्या किया , उसने क्या किया ? उसने शरीर को ढाला, कृपया इसे सुनें, उसने शरीर को ढाला, उसने उन सभी चीजों को व्यवस्थित किया और सब कुछ अच्छी तरह से शरीर में सेट हो गया, लेकिन मैं आपको सूचित करना चाहता हूं कि शरीर मनुष्य नहीं है, शरीर इस मनुष्य का कंटेनर है जिसे भगवान बनाना चाहते थे और मुझे आशा है कि आप जानते हैं कि जब आप यहां बैठे हैं तो किसी ने आपको कभी नहीं देखा है ।

एच जैसा कि किसी ने आपको देखा है हमने कभी क्या देखा है हमने आपका शरीर देखा है हमने आपका हाथ देखा है हमने आपका पैर देखा है हमने आपकी नाक देखी है हमने आपका मुंह देखा है हमने सब कुछ देखा है लेकिन हमने आपको कभी नहीं देखा और क्या आप जानते हैं कि जिस दिन आप मरेंगे उस दिन हम कुछ और नहीं देखेंगे हम अभी भी आपका शरीर देखेंगे हम

आपका हाथ देखेंगे हम आपका पैर देखेंगे हम आपकी नाक देखेंगे हम आपके दांत देखेंगे लेकिन हम आपको नहीं देख पाएंगे क्या मैं सही हूँ तो इसका मतलब यह हुआ कि वह मनुष्य जो स्वयं भगवान की छवि में है वास्तव में छिपा हुआ है हम नहीं जानते कि वह अंदर है और क्या आप जानते हैं कि हर बार जब आप बात करना चाहते हैं और खुद से कहना चाहते हैं क्या आप जानते हैं कि आप हमेशा अपनी छाती पीट रहे हैं ।

मैं आपसे पूछ रहा हूं कि आप क्या पीट रहे हैं क्या यह आप स्वयं हैं, नहीं, लेकिन आप केवल यह कहने का प्रयास कर रहे हैं कि देखिए मैं यहां अंदर हूं, मुझे हल्के में मत लीजिए, यह मत सोचिए कि मैं नहीं जानता कि मैं क्या कर रहा हूं, मैं जानता हूं कि मैं क्या कर रहा हूं, मैं अपने आप को जानता हूं और आप जानते हैं कि हर बार जब आप ऐसा कर रहे होते हैं, तो आप ऐसा कर रहे होते हैं, आप अपने आप को इस शव के अंदर ढूंढने का प्रयास कर रहे होते हैं, क्या आप समझ रहे हैं कि मैं अब किस बारे में बात कर रहा हूं, क्या हम सुन सकते हैं कि ईश्वर द्वारा बनाया गया मनुष्य एक व्यक्ति है, लेकिन वह एक भौतिक शरीर में रहता है और यद्यपि भौतिक शरीर बहुत उपयोगी है और यद्यपि बहुत अद्भुत है, यह मनुष्य नहीं है, यह मनुष्य का पात्र है और इसलिए आप समझते हैं कि भाई पॉल ने कहा कि यदि हमारा सांसारिक घर है ।

क्या बात कर रहा था, यह हमारा शरीर है, इसलिए हमारे पास एक घर है और वह हम कौन हैं जिनके बारे में वह बात कर रहा है, इसलिए हमें यह भी ध्यान देने की आवश्यकता है कि मनुष्य जिसे

परमेश्वर ने वास्तव में बनाया था, जब उसने शरीर को अपने लिए घर बनाना समाप्त कर दिया, तब बाइबिल में कहा गया कि उसने वही किया जो उसने अपने नथुनों में जीवन की सांस फूँकी और फिर वह एक जीवित आत्मा बन गया, फिर वह यहाँ-वहाँ ऊपर-नीचे चल रहा था, इसलिए मैं चाहता हूँ कि हम थोड़ा और खोज करें कि मूलतः परमेश्वर की छवि क्या है और परमेश्वर इसे क्यों चाहता है, अब जैसा कि मैं उत्पत्ति से शुरू कर रहा हूँ।
मैं आशा करता हूँ कि हम नये नियम का अध्ययन कर सकेंगे ताकि हमारी समझ में संतुलन आ सके ।

प्रभु की स्तुति ! क्या आप मेरे साथ हैं ? आइए हम मनुष्य को अपने स्वरूप और समानता में बनाएं और उसे समुद्र की मछलियों, घरेलू पशुओं और पूरी पृथ्वी पर अधिकार दें, उसे अपने अधीन करें और उसे फिर से भर दें, तो इसका मतलब है कि भगवान एक आदमी की तलाश कर रहे थे, लेकिन एक भौतिक शरीर में जो कि भगवान की अंतर्निहित प्रकृति और समानता को वहन करता है जो अंधकार को दूर कर सकता है अब 1 यूहन्ना क्या आप जल्दी से 1 यूहन्ना अध्याय 1 पर जाना चाहेंगे क्या आपने 1 यूहन्ना अध्याय 1 देखा है?

ठीक है, पद 5 और पद 6 में, पद 7 में यूहन्ना फिर से शास्त्रों में अंतर्दृष्टि ला रहा है जिसे हमें अनदेखा नहीं करना चाहिए या केवल हाथ हिलाकर नहीं पढ़ना चाहिए, वह कहता है कि यह वह संदेश है जो हमने उससे सुना है और उसे घोषित किया है कि परमेश्वर वही है जो परमेश्वर प्रकाश है, सुनो, तुम जानते हो कि

शास्त्र ने यह नहीं कहा कि परमेश्वर प्रकाश में है, इसने क्या कहा कि परमेश्वर स्वयं प्रकाश है और उसमें बिल्कुल भी अंधकार नहीं है, बिल्कुल भी अंधकार नहीं होने का क्या अर्थ है, बिल्कुल भी अंधकार नहीं, बिल्कुल भी अंधकार नहीं, परमेश्वर प्रकाश है, यदि हम कहें कि हम उसके साथ संगति में हैं और अंधकार में चलते हैं, तो सच क्या है, हम झूठ बोलते हैं और सत्य का अभ्यास नहीं करते हैं, क्योंकि उसके स्वभाव से ही प्रकाश चमकता है और अंधकार इसे समझ नहीं पाया और न ही समझ सकता है, और उसने प्रकाश और अंधकार के बीच एक सीमांकन किया, वे उसमें एक साथ नहीं चलते ,

भगवान एक आदमी बना रहे थे जिसमें उन्होंने एक जीवन डाला और यह कैसा जीवन है जो प्रकाश है, आप मुझे समझ नहीं रहे हैं, भगवान अब क्या ढूंढ रहे हैं, भगवान एक आदमी की तलाश कर रहे हैं, जो हर बार कहता रहे कि प्रकाश हो, भगवान अब कह रहे हैं कि देखो हमें पृथ्वी के चेहरे पर कुछ स्थायी चाहिए जो इस स्थान को वश में कर सके और किस तरह का आदमी अंधकार को वश में कर सकता है, यह एक ऐसा आदमी होना चाहिए जिसका जीवन प्रकाश हो जो अंधेरे में चमकता हो, मैं इसके बारे में बात करूंगा इससे पहले कि हम समाप्त करें, यह बहुत महत्वपूर्ण है, इसलिए क्या मैं समझाने का प्रयास कर सकता हूं, मैं शांत होना चाहता हूं क्योंकि मुझे लगता है कि मुझे अब कुछ समझाने की आवश्यकता है, कल्पना करें कि भगवान क्या चाहते थे, कृपया सर मुझे आपको परेशान करने दें, क्या आप आ सकते हैं, कल्पना करें कि भगवान कह रहे हैं कि अंधकार ने पूरी पृथ्वी को ढक लिया था और जिस

तरह से हमने अंधकार की उस समस्या को हल किया, वह था प्रकाश हो परमेश्वर कह रहा है कि जो जीवन है, जो प्रकाश है , उसे आने दो, उसे चमकने दो और वह जीवन आया और परमेश्वर के वचन से हम जानते हैं कि वह प्रकाश परमेश्वर के साथ था और वह यीशु है । क्या मैं सही हूँ ? लेकिन फिर भगवान अब कहते हैं कि हमने यह कर दिया है, जीवन जो प्रकाश है, चमक रहा था । अंधकार को धकेल दिया गया था और हमने हर जगह पुनर्गठित किया है, अब सब कुछ ठीक है, हेलेलुयाह, लेकिन अगर हम पीछे हट गए और स्वर्ग में अपने प्राकृतिक निवास स्थान पर वापस चले गए, तो पृथ्वी पर फिर से क्या होगा, अंधकार छा जाएगा, इसलिए हमें एक स्थायी प्रतिनिधि की आवश्यकता है । हमें किसकी जरूरत है ? एक स्थायी प्रतिनिधि जो एक ऐसा जीवन लेकर चलता है जो प्रकाशमय है लेकिन एक कंटेनर के अंदर । क्या आप समझते हैं ? ताकि वह जहाँ भी जा रहा है वहाँ एक प्रकाश है जो आगे बढ़ रहा है ।

तो अब हम कल्पना करते हैं कि यह आदमी उस अंधकार का प्रतिनिधित्व करता है जो पृथ्वी को फिर से अपने अधीन करने के लिए संघर्ष कर रहा है, फिर अचानक क्या आप आ सकते हैं, श्रीमान, इस आदमी को यहां रखा गया है, बाहर से वह साधारण दिखता है लेकिन अंदर वह एक जीवन रखता है, यही वह प्रकाश है, जब अंधकार ने सोचा कि वह प्रकाश जिसने पहले उसे पीछे धकेला था, वापस चला गया है और उसने कहा कि अब मैं वापस जाता हूं और हमेशा की तरह जारी रखता हूं, अचानक उसका सामना इस आदमी से होता है, वह बोल नहीं रहा है क्योंकि उसका मंत्रालय

बात करने का नहीं है । उनका मंत्रालय क्या है ? चमकने का , ऐसा मंत्रालय जो बात नहीं करता, चमकता है और यह कोई नाटक नहीं है, यह एक जीवन है, वह बस अपना जीवन जी रहे हैं, लेकिन यह जीवन प्रकाश है, जो चमकता है, इसलिए जब वह जा रहे हैं, तो कृपया उनके करीब चले जाएं क्योंकि वह करीब जा रहे हैं । आपने क्या देखा कि इस आदमी के साथ क्या हो रहा है ?

अब , कुछ उसे पीछे धकेल रहा है, लेकिन मुझे यहां से क्या धकेल रहा है, मुझे क्या दूर धकेल रहा है और मैं फिर से प्रभुत्व का प्रयोग नहीं कर सकता, ऐसा क्या है जो मुझे इधर-उधर धकेल रहा है और यह वह जीवन है जो इस आदमी के पास है, वह प्रकाश है जो चमक रहा है इसलिए कहीं भी अंधेरा हर जगह इकट्ठा होने की कोशिश कर रहा है, आप जानते हैं कि भगवान क्या करता है, वह आपसे नहीं कहता कि अंधेरा वहां से चला जाए, आप जानते हैं कि वह क्या करता है, वह केवल इस आदमी को वहां जाने के लिए भेजता है और जैसे ही वह वहां जाता है, अंधेरे का क्या होता है, वह आदमी था परमेश्वर उस मनुष्य को चाहता था जिसकी पृथ्वी पर सेवकाई अंधकार को बोलने से नहीं बल्कि एक ऐसे जीवन से दबाती है जो प्रकाश है जो चमकता है और जहां कहीं भी वह जाता है अंधकार अचानक उनका विनाश करता है इसलिए नहीं कि वह कुछ और कर रहा है वह बस अंदर आया और अचानक क्योंकि वह एक ऐसे जीवन के साथ आया है जो प्रकाश है अंधकार कहता है कि हम अब संकट में हैं क्या आप उसे आते हुए नहीं देखते हैं और अंधकार अब खींचने लगता है लेकिन क्या आप अंतर जानते हैं वह सर्वव्यापी होने के लिए नहीं बनाया गया है। वह ईश्वर का कुछ अंश धारण

करता है, लेकिन वह मानव शरीर में स्थानीयकृत है। वह सर्वव्यापी नहीं है। वह एक ही समय में हर जगह नहीं हो सकता।

यह वही जगह है जहाँ वह गया था। उसे बस यही करना है कि वह ऐसा ही करे। और जैसा वह कर रहा है, बेहतर होगा कि आप भी इसी रास्ते पर चलें। फिर जब वह अपना जीवन जी रहा था, और जब वह अपना जीवन जी रहा था, अंधकार बस उलटता चला गया और उलटता चला गया जब तक कि वह चला नहीं गया। अब परमेश्वर ने उससे कहा, फलवन्त हो। इस जाति को बढ़ाओ। और क्या करें? पृथ्वी को फिर से भर दें। ताकि जब तक आप यहाँ हैं, तब तक आप अपने ही जैसे एक आदमी को जन्म दे चुके हैं जो क्या लेकर आता है? जीवन जो प्रकाश है। इसलिए जब तक वह यहाँ है, और उसके अपने प्रभाव के घेरे ने अंधकार को धकेल दिया है। और अँधेरे ने सोचा, ठीक है, अगर यह इलाका बहुत मुश्किल है, तो एक जगह है जहाँ वह नहीं है। चलो वहाँ चलते हैं। और फिर अँधेरा वहाँ भाग गया।

लेकिन फिर वहाँ पहुँचकर उसे अपने ही जैसा एक आदमी मिला। वहाँ खड़ा हुआ और कह रहा था, मैं भी यहाँ हूँ। मैं भी यहाँ हूँ। इसलिए उनके लिए प्रजनन करना एक सेवा थी। यह सेवा थी। यह सिर्फ़ ज़्यादा इंसानों को पैदा करने की बात नहीं थी।

उसे अपनी तरह के एक आदमी को पैदा करने और बढ़ाने की ज़रूरत थी क्योंकि उसे धरती पर अपनी बुलाहट को पूरा करने के लिए उन सभी की ज़रूरत है। हम यहाँ किससे निपट रहे हैं? हम

सेवकाई में मनुष्य से निपट रहे हैं। परमेश्वर क्या चाहता है? अगर हम इसे अभी नहीं समझ पाते, तो हम सेवकाई के सार को कभी नहीं समझ पाएँगे। मैं फिर से तुमसे कहना चाहता हूँ, अँधेरा लाउडस्पीकर से नहीं चलता। मैं जानता हूँ कि तुम यह जानते हो। अगर यहाँ हर जगह अँधेरा है, और तुम लाउडस्पीकर लेकर कहते हो, यहाँ अँधेरा किस बात का है? अँधेरा, हम तुम्हें यहाँ पसंद नहीं करते। क्या अंधकार ने यह सुना? नहीं। तुम बस अब एक मोमबत्ती की रोशनी लाओ। अंधकार जानता है कि उसे क्या करना है।

आपको बात करने की ज़रूरत नहीं है। बस एक कमरे में आ जाओ, रोशनी डालो, और अंधेरा गायब हो जाएगा। भगवान के दिल में, सर, भगवान के दिल में मूल रूप से, वह प्रचारकों की तलाश नहीं कर रहा था। वह ऐसे लोगों की तलाश कर रहा था जिनका जीवन प्रकाशमय हो। आज तक परमेश्वर वाक्पटु प्रचारकों की तलाश नहीं कर रहा है। वह ऐसे पुरुषों और महिलाओं की तलाश कर रहा है जिनके हृदय में प्रकाशमय जीवन हो, जो चमकता हो।

आप देखिए, जब यीशु अपने शिष्यों को सिखा रहे होंगे, तो वे उस सत्य पर ठोकर खाएँगे, लेकिन बिना विस्तार से बताए। तुम जगत की ज्योति हो। तुम कहोगे, मैं जगत की ज्योति हूँ।

जो कोई मेरे पीछे चलेगा, वह अंधकार में नहीं चलेगा। क्या तुमने उस तरह का अधिकार देखा है? मैं दुनिया की रोशनी हूँ। एक दिन उसने कहा, जब तक मैं दुनिया में हूँ, मैं इस दुनिया की रोशनी हूँ।

इसलिए लोग आश्चर्य करते हैं, जब यीशु बिना बात किए किसी स्थान पर पहुँच जाता है, तो आप में से कुछ लोग सोचते हैं कि यह शक्ति है। आप नहीं जानते कि यह जीवन है। वह बस किसी स्थान पर पहुँच जाएगा, और फिर राक्षस चिल्लाना शुरू कर देंगे। वे कहते हैं, अरे, तुम यहाँ क्या करने आए हो? तुम हमें सताने आए हो, तुम हमें सताने आए हो। और उसने कुछ नहीं कहा। तुम्हें क्या लगता है कि उन्हें क्या सता रहा है? यह तो जीवन है जो चमक रहा है।

और जैसे ही वह आ रहा है, वे कहते हैं, "वह आ रहा है। " और जैसे ही वह करीब आ रहा है, वे कहते हैं, वह आ रहा है " और वे भाग रहे हैं। मैं आपसे पूछ रहा हूँ, क्या आप एक प्रभावी मंत्री बनने के लिए प्रार्थना कर रहे हैं? एक आदमी, कि जब आप बिना बात किए किसी परिवार में प्रवेश करते हैं, तो उस घर में जो अंधेरा छा गया है, अचानक, आप कहते हैं, वाह।

पादरी, आप क्यों आए? आप क्यों आए? और आप जानते हैं कि हम यहाँ कुछ कर रहे हैं। आप कहते हैं, आप यहाँ क्या कर रहे हैं? और फिर जब आप ऐसा करते हैं, बिना कुछ किए, तो अंधकार छा जाता है। यही वह व्यक्ति है जिसे परमेश्वर ढूँढ़ता है।

क्या आप चाहते हैं कि हम नए नियम में इसकी पुष्टि करें? चलिए इसकी पुष्टि करते हैं। कृपया बैठ जाइए, सर। भगवान आपको आशीर्वाद दें।

क्या हम 2 कुरिन्थियों के अध्याय 4 में जाने पर इसकी पुष्टि कर सकते हैं। जब हम 2 कुरिन्थियों के अध्याय 4 में पहुँचते हैं, तो हम कुछ ऐसा देखेंगे जो सरल लगता है। लेकिन मुझे ऐसा लगता है कि इन भाइयों ने कुछ ऐसा खोजा है जिसे हमें खोजना चाहिए। अगर हमारी सेवकाई प्रभावशाली होने जा रही है।

2 कुरिन्थियों अध्याय 4. क्या आपने इसे देखा है? अब, पद 3 में, पॉल इस सेवकाई के बारे में बात कर रहा था जो हमें प्राप्त हुई है। और मैं पूछता रहा, यह सेवकाई क्या है? अब वह आया और कहा, लेकिन अगर हमारा सुसमाचार भी। उस जगह से पहले।

लेकिन हमने लज्जा की छिपी हुई बातों को त्याग दिया है। यह आयत 2 है। किस काम में नहीं लगना? चालाकी से, न ही परमेश्वर के वचन को छल से इस्तेमाल करना। लेकिन किससे? किससे? सत्य के प्रकटीकरण से।

मैं सोच रहा था कि वह कहेंगे, लेकिन सत्य के उपदेश से। क्या आप जानते हैं कि अभिव्यक्ति शब्द सही शब्द नहीं होता? सही शब्द क्या हो सकता था? सत्य की घोषणा से। या सत्य की घोषणा से।

लेकिन अब उसने क्या इस्तेमाल किया? प्रकटीकरण, और आप जानते हैं, मुझे लगता है कि यह इफिसियों 5 है जो कहता है, जो कुछ भी प्रकट करता है। क्या है? प्रकाश है। आप जानते हैं, मैं आपके बाइबल ज्ञान पर निर्भर हूँ।

जो कुछ भी प्रकट होता है, वह प्रकाश है। अब, यह कह रहा है, लेकिन सत्य की अभिव्यक्ति से। परमेश्वर की दृष्टि में प्रत्येक मनुष्य के विवेक के सामने स्वयं को समर्पित करना। मैं कह रहा हूँ, पौलुस यहाँ किस तरह की सेवकाई की बात कर रहा है? क्या अब आप इसे समझ गए? अब, उसने कहा, देखो, हम प्रत्येक मनुष्य के विवेक को प्रभावित करने के लिए क्या करते हैं। क्या करके? क्या करके? सत्य को प्रकट करके। हम खुद की प्रशंसा करते हैं। अब, आप देखिए, मैं उन भाइयों में से एक हूँ जो नहीं चाहते कि आप अपने बारे में प्रचार करें। लेकिन मैं आपको सूचित करना चाहता हूँ।
दरअसल, एक प्रभावशाली सेवकाई के लिए परमेश्वर को आपके जीवन की आवश्यकता है। यह आप क्या कहते हैं, यह मायने नहीं रखता। हाँ कहने के लिए, आइए हम केवल परमेश्वर के वचन पर ध्यान केंद्रित करें।

चलो बस भगवान की ओर देखो। चलो बस मेरी ओर मत देखो। यह एक मूर्खतापूर्ण बात है।

भगवान को इसमें कोई दिलचस्पी नहीं है। भगवान का मूल इरादा एक इंसान को यहाँ मांस और खून में रखना है। लेकिन एक जीवन है जो क्या करता है? जो चमकता है। जो सत्य को प्रकट करता है। हम बाद में प्रचार के बारे में बात करेंगे।

उपदेश देने की क्या ज़रूरत है? लेकिन आइए ध्यान दें कि मूल रूप से परमेश्वर ऐसे लोगों की तलाश कर रहा है जो सत्य को प्रकट कर

सकें। सत्य के प्रकटीकरण के ज़रिए। परमेश्वर की नज़र में हर व्यक्ति के विवेक के सामने खुद को पेश करना।

लेकिन अगर हमारा सुसमाचार भी है तो क्या? परदा पड़ा है। यह उन लोगों के लिए परदा पड़ा है जो नाश होने वाले हैं। अब आप देखेंगे कि इस युग के परमेश्वर ने उनके मनों को अंधा कर दिया है।

कौन विश्वास नहीं करता? क्या? प्रकाश। मैंने सोचा कि प्रकाश का उपयोग करने के बजाय, उन्हें संदेश का उपयोग करना चाहिए था। आप जानते हैं कि ऐसे छोटे-छोटे शब्द हैं जिनका हम आसानी से आदान-प्रदान कर सकते हैं। मुझे लगता है कि उन्होंने ऐसा कहा होगा, ताकि मसीह की महिमा के सुसमाचार का संदेश न पहुँचे। लेकिन नहीं, यह संदेश नहीं है। यह संदेश नहीं है। यह क्या है? सुसमाचार का प्रकाश।

मसीह की महिमा की। जो परमेश्वर की छवि है। उसे क्या करना चाहिए? चमकना।

दोस्तों, उद्धार केवल तभी वास्तविक रूप से आता है जब प्रकाश चमकता है। जब तक प्रकाश चमकता नहीं है, तब तक आप किसी व्यक्ति के जीवन में जो भी निर्माण कर रहे हैं वह व्यर्थ है। आपको आश्चर्य हो सकता है कि आप वर्षों से सेवा कर रहे हैं। और आप कई लोगों को देख रहे हैं जिनसे आप हर हफ़्ते बात करते रहे हैं, चिल्लाते रहे हैं। लेकिन एक हफ़्ते, दो हफ़्ते की शक्तिशाली सेवकाई के बाद, अंधकार फिर से आकर सब कुछ अव्यवस्थित

कर देता है जिसके बारे में आपने सोचा था कि आपने वहाँ व्यवस्थित किया है। यहाँ एक कमज़ोरी है। कमज़ोरी उपदेश देने में नहीं है। कमज़ोरी घोषणा करने में नहीं है। कमज़ोरी क्या है? कमज़ोरी उस प्रकाश की मंदता है जिससे हमारा जीवन चमकता है।

आप कह सकते हैं, नहीं, नहीं, मैं सहमत नहीं हूँ। शायद जब हम स्वर्ग पहुँचेंगे, तो आप सहमत हो सकते हैं। शायद जब हम वहाँ पहुँचेंगे और भगवान कहेंगे, क्या तुम नहीं जानते कि यह मेरी इच्छा है? तब तुम अवाक रह जाओगे और कहोगे, ओह, तो मैंने जो कुछ भी किया वह तुम्हारे मानकों पर खरा नहीं उतरा।

कहो, नहीं, नहीं, नहीं बेटा। नहीं। हमें चमकने वाली रोशनी चाहिए। चिल्लाने वाली रोशनी की जरूरत नहीं है। आप जानते हैं, चमकना और चिल्लाना, दोनों एक जैसे दिखते हैं। भगवान हमारी मदद करें।

अब, भाई पॉल को देखिए। यहीं पर मैं अपनी बात समाप्त करना चाहता हूँ। वह कहते हैं, क्योंकि हम अपने बारे में प्रचार नहीं करते, बल्कि मसीह यीशु, प्रभु, और अपने बारे में करते हैं, जो यीशु के लिए तुम्हारे जन्मजात सेवक हैं। अब छठी आयत को देखें। क्योंकि यह परमेश्वर है। क्या आप सब छठी आयत में हैं? क्योंकि यह परमेश्वर ही है जिसने अंधकार से प्रकाश चमकने की आज्ञा दी है।

उसने ऐसा कब किया? शुरू में। देखिए वही परमेश्वर अब क्या कर रहा है। जिसने दिखाया है कि हम अपने दिलों में ज्ञान देने के लिए हैं।

क्या उसने यही कहा? आप देखिए, हम हमेशा एक गुप्त गलती कर रहे हैं। उसने कहा, जिसने हमारे दिलों में यीशु मसीह के चेहरे में परमेश्वर की महिमा के ज्ञान की रोशनी देने के लिए दिखाया है। लेकिन हमारे पास यह खजाना है।

आप जानते हैं, जब मैं पढ़ता हूँ कि हमारे पास यह खजाना है, तो मैं सोचता हूँ कि यह शक्ति है। आप देखिए, एक प्रचारक के रूप में, मुझे शक्ति की आवश्यकता थी। हर बार जब मैं प्रार्थना करता हूँ, प्रभु मुझे शक्ति दे।

हे प्रभु मुझे शक्ति दो। शक्ति के नाम पर शक्ति। मैंने सोचा था कि शक्ति ही खजाना है।

नहीं, नहीं। ख़ज़ाना क्या था? वह जीवन जो प्रकाश है। पॉल ने कहा कि परमेश्वर ने ही शुरुआत में प्रकाश को चमकने की आज्ञा दी थी। बोलने के बजाय, उसने कहा, प्रकाश हो। प्रकाश हो।

प्रकाश हो। अब उसने जो करने का फैसला किया है, वह चमकना है। वही प्रकाश अब चमक रहा है।

लेकिन कहाँ? अपने दिल में। देने के लिए। देने का मतलब है विकीर्ण होना।

यीशु मसीह के चेहरे में परमेश्वर के ज्ञान का प्रकाश। सेवकाई। असली सेवकाई।

यीशु कमज़ोर नहीं है। वह शक्तिशाली है। वह महिमावान है।

लेकिन उसकी महिमा हमारे चर्च के सदस्यों के लिए अस्पष्ट है। घोषणा करके इसे प्रकट नहीं किया जा सकता। चिल्लाने से ऐसा नहीं हो सकता।

ज्ञान ऐसा नहीं कर सकता। सिर्फ़ एक ही चीज़ है जो लोगों के जीवन पर यीशु का प्रभाव डाल सकती है। वह क्या है? प्रकाश।

और यह रोशनी मोमबत्ती की रोशनी नहीं है। यह फ्लड लाइट नहीं है। यह उस तरह की रोशनी नहीं है जिसे ये भाई लेकर घूम रहे हैं।

वह प्रकाश कहाँ है? मेरे जीवन में स्थित है। क्या आप एक प्रभावी सेवक बनना चाहते हैं? यही एकमात्र कारण है कि आप यहाँ हैं। अब, हम कहाँ निष्कर्ष निकाल सकते हैं? उसी जॉन के पास वापस जाएँ।

यूहन्ना 1 में हम यीशु की ओर इशारा करते हुए पढ़ते हैं। उसने कहा, उसने कहा, उसमें, उसमें, जीवन था। और वह जीवन मनुष्य की ज्योति थी।

तो, यहाँ पहली बात जो हम ध्यान में रखते हैं वह यह है कि यह जीवन, जो प्रकाश है, उसे चालू नहीं होना चाहिए। बाइबल ने उस पर नहीं कहा। हं? यह कहाँ कहा गया है? में।

आप कह सकते हैं, लेकिन ऑन और इन में क्या अंतर है? दोस्तों, हर पादरी, हर उपदेशक, जब भी हम मंच पर आते हैं, तो मुझे आपको कुछ ऐसा बताना चाहिए जो बहुत ही, मुझे लगता है कि यह हर उपदेशक के लिए सामान्य है। हम ऑन करते हैं। हुह? तब भी जब आप सौम्य नहीं होते।

एक बार जब आप चांसलरी या वेदी क्षेत्र में प्रवेश कर जाते हैं, तो आप क्या करते हैं? आप अपनी चाल भी बदल देते हैं। क्या मैं सही हूँ? यहाँ कोई है जो यहाँ बहुत चिल्ला रहा है और सबके साथ मिलजुल रहा है, लेकिन एक बार जब यह दूसरी तरफ होता है। भगवान अपने पवित्र मंदिर में हैं, और पूरी पृथ्वी उनके सामने चुप हो जाए।

हे प्रभु हमारे परमेश्वर। वह अचानक से कोमल हो गया है। वह कोमलता कहाँ थी? वह कोमलता कहाँ थी? उस पर।

यह वह है जिसे आप लगाते हैं और हटाते हैं। प्रचारकों के रूप में ऐसी बहुत सी चीज़ें हैं जिन्हें हम लगाते हैं, और हम ईमानदारी से हटाते हैं, क्योंकि यह एक अतिरिक्त हिस्सा है। लेकिन कौन सा हिस्सा? लेकिन हम उसके साथ व्यवहार कर रहे थे।

उसमें जीवन था। और जीवन चमकता है। और अंधकार उसे समझ नहीं सकता।

उसमें जो निवास करता है, जो स्थित है, वह जीवन है। वह प्रकाश जो चमकता है।

जब से आप उपदेश दे रहे हैं, सर, आपने कब गलती से अपनी पत्नी से मंच पर झगड़ा किया है? सच-सच बताओ। लेकिन ईमानदारी से कहूँ तो, क्या आपकी शादी के बाद से कभी सब ठीक रहा है? क्या आपको वह मुस्कान याद है जो आप उपदेश देने के लिए जाते समय रखते थे? कि भले ही घर में बहुत हिंसक बहस हो रही हो, और आप बात कर रहे हों और कह रहे हों, देखो, मुझे मत भड़काओ, तुम मेरी आँखों की लाली देखोगे। और फिर अचानक आपको याद आता है कि, ओह, 10 मिनट में मुझे अपना संदेश देना है।

ठीक है, ठीक है, सब ठीक है। ठीक है, आप भाग्यशाली हैं। मैं अपना संदेश समाप्त करने जा रहा हूँ।

और फिर आप जल्दी से आगे बढ़ते हैं, और फिर आप कपड़े पहनते हैं, और आप बहुत आराम करते हैं, और आप मुस्कुराते हैं। और वास्तव में, बैठक के उद्देश्य से, आप अपनी पत्नी के साथ आए थे। और आप मुस्कुरा रहे थे।

और सब कुछ अच्छा लग रहा था। और जब आपकी पत्नी रोने की कोशिश कर रही थी, जैसे कि वह आँसू नहीं रोक पाई, हह, हनी,

इसका क्या मतलब है? इसका क्या मतलब है? आप आज मंत्रालय को खराब करना चाहते हैं? नहीं, नहीं, नहीं, कृपया शांत रहें। चलो बस मुस्कुराते हैं।

अब, आपको यह कहाँ से मिला? आपने इसे रैक से उठाया। आप जानते हैं कि हम अपने कपड़े कैसे लटकाते हैं। क्या आपको याद है? क्या आपको याद है? आप देखिए, हर बार जब मैं चर्च गया हूँ, और मैं वेस्टरी गया हूँ, और मैंने हैंगर देखे हैं, कि हम अपने कपड़े कैसे लटकाते हैं, तो मैं कहता हूँ, यह वह जगह है जहाँ उपदेशक का अभिशाप है।

वह एक कृत्रिम वेस्ट्री में प्रवेश करता है, जहाँ वह एक कृत्रिम पोशाक पहनता है। और फिर जब वह कार्य करना समाप्त कर लेता है, तो वह उस वेस्ट्री में वापस चला जाता है , और कपड़े उतारकर सामान्य जीवन में वापस आ जाता है। यह एक मामला है।

जब तक आप इससे निपट नहीं लेते, तब तक आप उस तरह के इंसान नहीं बन पाते जिसकी तलाश परमेश्वर अपनी सेवकाई में करता है। उसमें जीवन था। और वह जीवन सभी मनुष्यों के लिए ज्योति था।

यह चमकता है। लेकिन उस श्लोक में अगला शब्द कहता है, यह अंधेरे में चमकता है। फिर से, मैं इस बात से प्रभावित हूँ कि वह जीवन प्रकाश में नहीं चमकता।

यह कहाँ चमकता है? अंधेरे में। ऐसा कोई आदमी नहीं है जो प्रकाश में चमक न सके। ऐसा कोई आदमी नहीं है जो सार्वजनिक चकाचौंध में अपनी चमक न बिखेर सके।

कोई आदमी नहीं। कोई आदमी नहीं। कोई आदमी कितना भी दुष्ट क्यों न हो, उसे सुर्खियों में लाने पर वह चमक उठेगा।

लेकिन हम जिस बारे में बात कर रहे हैं वह वह जीवन है जो कहाँ चमकता है? अंधेरे में, जहाँ कोई भी चीज़ों को नहीं देख रहा है। क्या आपका जीवन अंधेरे में चमकता है? क्या आपका जीवन अंधेरे में अंधेरे पर विजय प्राप्त करता है? अंधेरे में, जहाँ कोई भी नहीं है, क्या आप पाप पर विजय प्राप्त करते हैं? अंधेरे में, जहाँ कोई भी कुछ भी नहीं देखता, क्या यह ठीक है? क्या यह ठीक है? उसमें जीवन था। और जीवन सभी मनुष्यों के लिए प्रकाश था।

और प्रकाश अंधेरे में चमकता है। और अंधेरा इसे नहीं समझता, नहीं समझता था, और नहीं समझ सकता। जब हम यहाँ रुकेंगे, तो आप जवाब देंगे और कहेंगे, भगवान, यह सवाल है।

क्या मेरा जीवन निराशा के अंधकार की तरह चमकता है? क्या मैं अपने जीवन से ज़्यादा ऊँची आवाज़ में बोलता हूँ? क्या मैं अपने जीवन की चमक से ज़्यादा वाक्पटु, उपदेशक हूँ? मेरे जीवन को चमकाओ। मैं विनम्रता का उपदेश नहीं देना चाहता। मैं विनम्रता से क्या चाहता हूँ? चमकने के लिए।

यीशु के चेहरे पर वे कहते हैं कि रोओ। तो यीशु ऐसे ही हैं। हमने यीशु को कैसे देखा, लेकिन आपके जीवन में।

आपके जीवन के प्रकाश में ही हमने यीशु को देखा है। यह अधिक शक्तिशाली होता। मैं चाहता हूँ कि हम परमेश्वर के पास जाएँ और उसके लिए प्रार्थना करें।

क्या हम इसी क्षण ऐसा करेंगे?

आज चोट खाए, कल विजयी होंगे

संदेश का पॉडकास्ट ऑडियो लिंक नीचे दिया गया है:

https://podcasters.spotify.com/pod/show/otakada/episodes/Brother-Gbile-Akanni-Messages-Bruised-Today--Overcomers-Tommorrow-e2knlm4

इस रात, मैं आपको दो अंशों से प्रेरित करना चाहूँगा। मैं बस यही उम्मीद कर रहा हूँ कि मैं आपसे बहुत संक्षेप में बात करूँगा और फिर मैं आपको प्रार्थना में शामिल करूँगा।

मैं आपको दो अंश पढ़कर सुनाना चाहता हूँ। एक है आपके प्रति परमेश्वर का स्वभाव। और दूसरा है आपकी प्रतिक्रिया।

आपकी जानबूझकर की गई प्रतिक्रिया। ये दोनों अंश एक जैसे दिखते हैं, लेकिन एक ईश्वर की ओर से आ रहा है। दूसरा आपकी ओर से आ रहा है।

और आमतौर पर, जब भी परमेश्वर किसी मनुष्य का उपयोग करना चाहता है, तो परमेश्वर का अपना पहलू होता है और फिर मनुष्य की प्रतिक्रिया होती है। और जब मनुष्य के प्रति परमेश्वर का स्वभाव और मनुष्य की प्रतिक्रिया, जब वे एक साथ मिलते हैं, जब वे एक साथ मिलते हैं, तो आप महान चीजों को फूटते हुए देखना शुरू करते हैं। और यही वह है जिसकी शुरुआत हम आज रात कर रहे हैं।

कल, प्रभु हमें सिद्धांतों से निपटने के लिए प्रेरित करेंगे। लेकिन आज रात के लिए, हम केवल कुछ शास्त्रों को पढ़ेंगे। मैं चाहता हूँ कि आप यशायाह 42 पढ़ें।

अब, मैं चाहता हूँ कि आप श्लोक 3 और श्लोक 4 पढ़ें। वह कुचले हुए नरकट को नहीं तोड़ेगा, और धुआँ उगलती हुई सन को नहीं बुझाएगा। वह सच्चाई के लिए न्याय लाएगा। वह न तो हारेगा, न ही हतोत्साहित होगा, जब तक कि वह पृथ्वी पर न्याय स्थापित न कर दे, और आँखें उसके कानून की प्रतीक्षा करेंगी।

जब आप यशायाह 42 में अपना हाथ डालते हैं, तो मैं चाहता हूँ कि आप इब्रानियों की पुस्तक के अध्याय 12 पर जाएँ। पद 12, पद 13, अधिक जानबूझकर, लेकिन हम 17 तक पढ़ेंगे। क्या मैं पढ़ सकता हूँ? इसलिए, जो हाथ नीचे हैं और जो घुटने कमज़ोर हैं, उन्हें ऊपर उठाएँ और अपने पैरों के लिए सीधे रास्ते बनाएँ, ऐसा न हो कि जो लंगड़ा है वह रास्ते से भटक जाए, बल्कि वह चंगा हो जाए।

सभी लोगों के साथ शांति और पवित्रता का पालन करो, जिसके बिना कोई भी व्यक्ति प्रभु को नहीं देखेगा। बुद्धिमानी से देखो, कहीं ऐसा न हो कि कोई भी व्यक्ति परमेश्वर के अनुग्रह से वंचित रह जाए, कहीं ऐसा न हो कि कोई कड़वी जड़ उग आए या तुम्हें परेशान करे, और उसके कारण बहुत से लोग लज्जित हों। कहीं ऐसा न हो कि कोई व्यभिचारी या अपवित्र व्यक्ति हो, जैसे एसाव, जिसने एक टुकड़े के लिए अपना बफ़्राइट बेच दिया।

क्योंकि आप जानते हैं कि बाद में, जब वह आशीर्वाद को फिर से प्राप्त करना चाहता था, तो उसे अस्वीकार कर दिया गया, क्योंकि उसे पश्चाताप का कोई स्थान नहीं मिला, हालाँकि उसने इसे सावधानीपूर्वक खोजा था। किसके साथ? आँसुओं के साथ। प्रभु यीशु मसीह के नाम पर, हमारे दिलों में अपने वचन को आशीर्वाद दें।

आमीन। आज रात हम जीतने की तैयारी के बारे में बात कर रहे हैं। परमेश्वर का स्वभाव और आपकी ज़रूरी प्रतिक्रिया।

आपके जीवन के लिए परमेश्वर की क्या योजना है? परमेश्वर आपके भविष्य की कल्पना कैसे करता है? परमेश्वर आपको बचाकर और आपको सुरक्षित रखकर क्या चाहता है? स्वर्ग आपके जीवन से क्या बनाने की योजना बना रहा है? परमेश्वर आपके बारे में कैसे सोच रहा है? मैं जानता हूँ कि आपके मन में कई सारे शास्त्र हैं जो शायद आपके दिमाग में चल रहे हों। शास्त्रों की तरह, मैं उन विचारों को जानता हूँ जो मैं आपके बारे में सोचता हूँ। मैं उन योजनाओं को जानता हूँ जो मेरे पास आपके लिए हैं।

अच्छाई की योजना बनाता है, बुराई की नहीं, आपको क्या देने के लिए? एक अपेक्षित अंत। परमेश्वर, अपने जानबूझकर किए गए चुनाव में, जो उसकी खुशी से निकलता है, लगातार आपके बारे में जानबूझकर बोल रहा है। वह इस बारे में बोल रहा है कि वह आपके साथ क्या करना चाहता है।

उन्होंने हमें आदेश दिया और कहा, देखो, अपना ध्यान वापस मोड़ो। क्योंकि मैं अभी उसी पर ध्यान केंद्रित कर रहा हूँ। लेकिन आज रात मैं जिस चीज़ से निपटना चाहता हूँ, वह है परमेश्वर का अपना स्वभाव और आपकी ज़रूरी प्रतिक्रिया।

जब हम इब्रानियों की पुस्तक पर जाते हैं जिसे हमने बहुत संक्षेप में पढ़ा है, तो आप देखेंगे कि वह अध्याय, पूरा अध्याय, अध्याय 12, बहुत ही उत्सुकता से शुरू हुआ जब उसने कहा, इसलिए, यह कहते हुए कि, हम भी अपने महान गवाहों के द्वारा दयालु हैं। यह वह नहीं था जिसे मैं आज रात देखने का इरादा रखता हूँ। लेकिन जब आप शब्द का उपयोग करते हैं, इसलिए, शुरू करने के लिए, इसका मतलब है कि आपको थोड़ा पीछे देखने की जरूरत है।

और जब हम थोड़ा पीछे देखते हैं, तो आप अध्याय 11 पर आते हैं और आपको विजेताओं की सूची मिलती है। हलेलुयाह। आपको उन लोगों की सूची मिलती है जिन्होंने अपनी पीढ़ी में कारनामे किए।

वे लोग जिन्होंने परमेश्वर के साथ अच्छी रिपोर्ट प्राप्त की है। लेकिन क्या आप उस आयत का निष्कर्ष देखते हैं? मैं चाहता हूँ कि आप सभी अध्याय 11 पर जाएँ और निष्कर्ष देखें। आयत 39 और आयत 40 कहती है, और इन सब ने, विश्वास के द्वारा अच्छी रिपोर्ट प्राप्त करके, वादा प्राप्त नहीं किया, क्योंकि परमेश्वर ने हमारे लिए कुछ बेहतर प्रदान किया है।

भगवान ने आपके लिए क्या प्रदान किया है, कृपया? आपके लिए कुछ बेहतर चीज। कि उन्हें जो अच्छी रिपोर्ट मिली है, उनके द्वारा किए गए महान कार्यों के बावजूद, उनके जीवन के अद्भुत समर्पण के बावजूद, भगवान के दिल में आपके और मेरे प्रति एक भावना है। और वह कहता है, भगवान ने हमारे लिए कुछ बेहतर चीजें प्रदान की हैं, कि वे, हमारे बिना, नहीं बन सकते, क्या? परिपूर्ण।

और मैं जो पूछ रहा हूँ, वह क्या है जो परमेश्वर ने हमारे लिए सुरक्षित रखा है? महान, महान विजेताओं से कहा गया है कि वे आपके आने तक प्रतीक्षा करें। और परमेश्वर के हृदय में इस तरह का स्वभाव अत्यधिक प्रबल है। परमेश्वर के हृदय में इस तरह की इच्छा हमारी अपनी कल्पना से परे है।

ईमानदारी से, जब मैं इसे देखता हूँ, तो मैं पूछता हूँ, भगवान, मुझे क्या करना चाहिए, जो आपने हमारे जैसे लोगों के लिए प्रदान किया है? आप कह रहे हैं कि हमारे बिना, वे महान पुरुष, अब्राहम जैसे पुरुष, डैनियल जैसे पुरुष, गिदोन जैसे पुरुष, यहाँ तक कि डेविड जैसे पुरुष, जिन्होंने अपनी पीढ़ी को हिला दिया और हम उनके बारे में बात करना नहीं भूलेंगे, हम उनके बारे में गाते हैं। और फिर भी, भगवान कह रहे हैं, उन्होंने हमारे लिए कुछ बेहतर चीज प्रदान की है, कि वे, हमारे बिना, पूर्ण नहीं बनाए जाने चाहिए। यह इस तरह का स्वभाव था जैसे कि भगवान कह रहे हों, तुम लोग रुको।

कुछ युवा लोग आ रहे हैं, और मैंने उनके लिए जगह बनाई है, और जब तक वे नहीं आ जाते, हम आपका जश्न नहीं मना सकते। आप यीशु मसीह के नाम पर आएँगे। आप यीशु मसीह के नाम पर ईश्वर की दिव्य अपेक्षा को कभी निराश नहीं करेंगे।

चाहे जो भी करना पड़े, आप पहुंचेंगे। क्या आप मेरी बात सुन रहे हैं? सुनिए, आप एक देश के रूप में समाप्त नहीं हो सकते हैं, इसका कारण यह है कि महान पुरुषों, प्रतिष्ठित पुरुषों और महिलाओं को बताया गया है कि आप आ रहे हैं। यदि आप देखते हैं कि वे सभी स्टैंड में कैसे खड़े हैं, और वे देख रहे थे, उन्होंने कहा, वे कौन हैं जिनके लिए भगवान हमें उनके आने तक प्रतीक्षा करने के लिए कह रहे हैं? यही एक कारण है कि आपको प्रतीक्षा करनी चाहिए।

क्या तुम मेरी बात सुन रहे हो? यही एक कारण है कि तुम असफल होने के बारे में नहीं सोच सकते। दूसरे असफल हो सकते हैं, तुम नहीं। दूसरे लोग सड़क के किनारे खड़े होने को स्वीकार कर सकते हैं, तुम नहीं।

आप नहीं। आपके बारे में परमेश्वर का स्वभाव उन लोगों के बारे में नहीं है जो बस काम चला रहे हैं, और कहते हैं, हमें नहीं पता कि उन्हें कहाँ पार्क करना है, बस उन्हें कहीं अलग रख दें। और जिस कारण से पवित्र आत्मा हम पर छात्र कांग्रेस का आग्रह कर रहा है, वह इस तरह के स्वभाव के कारण है जो स्वर्ग आपके प्रति रखता है।

मैं प्रार्थना कर रहा हूँ कि आपकी समझ की आँखें इसे देखने के लिए खुली रहें। और इसी कारण से, आप यीशु मसीह के नाम पर एक निश्चित प्रतिक्रिया देंगे। इसलिए, इस कारण से, उस शास्त्र ने यह कहकर शुरुआत की, इसलिए, इस कारण से, आपके प्रति परमेश्वर के इस महान स्वभाव के कारण, कोई भी चीज़, जो एक भार, एक बाधा, एक बोझ, एक रुकावट हो सकती है, आप क्या करने जा रहे हैं? आप क्या करने जा रहे हैं? आप इसे अलग रख देंगे, और कहेंगे, नहीं, नहीं, नहीं, नहीं, नहीं, नहीं।

तो, लेकिन, मैं फिर से उस पर चर्चा नहीं करने जा रहा हूँ क्योंकि हम परमेश्वर की कृपा से इस अध्याय से निपटने के लिए अपने पूरे बाइबल अध्ययन को खर्च करने जा रहे हैं। लेकिन मैं आज रात संक्षेप में एक या दो मुद्दों पर प्रकाश डालना चाहता हूँ, और मैं आपसे प्रार्थना करने के लिए कहता हूँ। अब, इस तथ्य के अलावा कि परमेश्वर ने कुछ बेहतर प्रदान किया है, जिसके लिए उसने उन सभी विजेताओं, उन सभी बुज़ुर्गों, हमारे विश्वास के उन सभी नायकों से कहा है कि वे हमारे आने तक प्रतीक्षा करें।

इससे पहले कि मैं यहाँ से चला जाऊँ, मैं आपसे एक और बात कहना चाहता हूँ। वह यह है कि, जैसा कि आप यशायाह 42 में पढ़ते हैं, यशायाह 42 प्रभु यीशु के बारे में बोल रहा था, और वह कुछ ऐसा कह रहा है जिसे मैं आपको थोड़े समय में समझाना चाहता हूँ। वह कहता है, कुचले हुए सरकण्डे को वह नहीं तोड़ेगा।

वह कुचले हुए सरकण्डे को नहीं तोड़ेगा। हलेलुयाह। हलेलुयाह।

और धुएँदार सन, वह बुझा नहीं पाएगा। कुचला हुआ नरकट। आप जानते हैं, एक चीज़ जो कभी-कभी शैतान नहीं पहचानता, वह अपने जैसे युवा पुरुषों और युवा महिलाओं के लिए परमेश्वर के जुनून को नहीं पहचानता।

वह यह नहीं पहचानता कि हर बार वह आपके जीवन को चोट पहुँचाने के लिए भी आ सकता है, जैसे कि स्वर्ग आपको त्याग देगा और कहेगा, इस लड़के को छोड़ दो, इसे ऐसे ही बर्बाद होने दो। वह नहीं जानता कि भगवान एक चोट लगी हुई ईख को नहीं तोड़ेंगे। और धुएँ वाली सन सही रोशनी नहीं ला रही है, यह केवल धुआँ ला रही है जो आँखों को लाड़ करती है।

और ऐसे लोगों के लिए स्वाभाविक बात यह है कि क्या किया जाए? इसे बुझा दिया जाए और एक तरफ रख दिया जाए। लेकिन क्या आप जानते हैं कि परमेश्वर क्या कह रहा है? उसने कहा, नहीं, मुझे इस लड़के से बहुत उम्मीद है। हालाँकि वह देख रहा है, लेकिन वह धूम्रपान कर रहा है।

भले ही वह धूम्रपान कर रहा हो, मैं उसे बुझाने नहीं जा रहा हूँ। मैं उसे तब तक फूंकता रहूँगा जब तक वह जल न जाए। आप में से कुछ लोग यहाँ चोटिल होकर आ रहे हैं, लेकिन स्वर्ग ने फैसला किया है कि वह आपके घावों को ठीक करेगा और यीशु मसीह के नाम पर अपनी महिमा के लिए आपको ऊपर उठाएगा।

भगवान एक कुचले हुए नरकट को नहीं तोड़ेंगे। एक धुएँदार सन को उन्होंने बुझाने का फैसला नहीं किया है। क्योंकि आपके आगे

आने वाले साल आपके पीछे आने वाले सालों से ज़्यादा महत्वपूर्ण हैं।

जहाँ तक परमेश्वर का सवाल है, आपके आने वाले दिन आपके पीछे के दिनों से कहीं ज़्यादा महत्वपूर्ण हैं। और मैं यहाँ हाँ कहने आया हूँ। लोग सोचते हैं कि हाँ, आपकी पीढ़ी बेकार है।

वे कोई नहीं हैं, वे ये हैं, वे वो हैं, वे ये हैं, वे वो हैं। लोग फोन करते हैं, वे बहुत बातें करते हैं। लेकिन भगवान आपके बारे में ऐसा नहीं कह रहे हैं।

आप सही साबित होंगे। क्या आप मेरी बात सुन रहे हैं? आप सही साबित होंगे। आप यीशु मसीह के नाम पर इस पीढ़ी के विजेताओं में से एक होंगे।

वह कुचले हुए नरकट को नहीं तोड़ेगा। वह धुएँ से भरे सन को नहीं बुझाएगा। वह न तो असफल होगा और न ही हतोत्साहित होगा।

आपमें से कुछ लोग ऐसे हैं जो शायद खुद को लेकर निराश हैं। शायद आप अपनी अस्थिरता को लेकर निराश हैं। शायद आप अपने प्रदर्शन को लेकर भी निराश हैं।

कि आप इसे ठीक से नहीं कर रहे हैं। शायद आप में से कुछ लोग कह रहे हैं, मुझे बस हार मान लेने दो। मुझे बस कुछ भी करने दो।

चूँकि मैं हमेशा ऊपर-नीचे होता रहता हूँ, इसलिए मैं युवावस्था के सभी जुनूनों पर काबू नहीं पा पाता हूँ। मेरे रास्ते में आने वाली सभी पापपूर्ण चीज़ें। सभी चुनौतियाँ, मुझे नहीं पता।

मुझे बस आराम करने दो। मुझे बस हार मानने दो। क्या मैं तुमसे कुछ कह सकता हूँ? भले ही तुम धुएँ से भरे हुए दिखते हो, लेकिन भगवान तुम्हें बुझाने के लिए तैयार नहीं है।

भगवान आपको आग में झोंकने के लिए तैयार हैं। यीशु मसीह के नाम पर आपके जीवन से बाहर निकल जाते हैं। क्या आप चोटिल महसूस कर रहे हैं? क्या आप सोच रहे हैं कि, अरे, पता नहीं मैं कैसे आगे बढ़ सकता हूँ।

भगवान ने फैसला कर लिया है। और यही कारण है कि मैं आज रात उत्साहित हूँ। मैं उत्साहित हूँ क्योंकि आपके बारे में मौजूद विरोधाभास कुछ भी नहीं है।

यह अस्थायी है। भगवान ने तय किया है कि यह ब्रूस रीड, वह इसे नहीं तोड़ेगा। और यह धुआँ उगलने वाली सन, वह इसे नहीं बुझाएगा।

और वह, परमेश्वर, आपके मामले से निराश नहीं होगा। क्योंकि परमेश्वर, वह जानता है कि वह आपके सामने कौन से दिन और यात्रा निर्धारित कर रहा है। आज रात प्रार्थना करने से पहले मुझे आपसे यह कहना चाहिए कि जहाँ तक परमेश्वर का सवाल है, उसने कुछ ऐसा प्रदान किया है जो आपके लिए बेहतर है।

जहाँ तक परमेश्वर का सवाल है, आपके घाव आपको तोड़ने और त्यागने के लिए पर्याप्त नहीं हैं। जहाँ तक परमेश्वर का सवाल है, आपके जीवन से निकलने वाला धुआँ परमेश्वर के लिए यह कहने

के लिए पर्याप्त नहीं है कि चलो इसे छोड़ दें, चलो इसे बुझा दें, चलो इसे अलग रख दें। परमेश्वर ने स्वयं कहा कि वह असफल नहीं होगा, न ही वह तब तक निराश होगा जब तक कि वह पृथ्वी पर न्याय स्थापित न कर दे और आँखें उसके कानून की प्रतीक्षा न करें।

लेकिन अब, आपकी प्रतिक्रिया क्या होगी? यहीं पर मैं अपनी बात समाप्त करता हूँ। आपकी प्रतिक्रिया क्या है? और कृपया आज रात मेरे साथ इब्रानियों की पुस्तक को बहुत जल्दी और बहुत खास तरीके से पढ़ें। और फिर आप कल की तैयारी के लिए तैयार हो जाएँगे।

इब्रानियों, अध्याय 12, उसने कहा, इसलिए, श्लोक 12, उसने कहा, इसलिए, अपने लटके हुए हाथों को ऊपर उठाओ। क्या करो? क्या उठाओ? अपने लटके हुए हाथों को। और अपने कमज़ोर घुटनों को मज़बूत करो।

जो हाथ नीचे हैं उन्हें ऊपर उठाओ। अपने कमज़ोर घुटनों को मज़बूत बनाओ। पुराने संस्करण में कहा गया है, और कमज़ोर घुटनों को ऊपर उठाओ, अपने कमज़ोर घुटनों को।

और अपने पांवों के लिये सीधे मार्ग बनाओ। कि जो लंगड़ा है, वह टूट न जाए, परन्तु भला हो जाए। हाल्लिलूय्याह।

अपने लटकते हाथों को ऊपर उठाएँ। अपने कमज़ोर घुटनों को मज़बूत बनाएँ। अपने पैरों के लिए सीधे रास्ते बनाएँ।

ताकि जो लंगड़ा है, जो अपंग दिख रहा है, जो चोटिल दिख रहा है, जो बिखरा हुआ दिख रहा है, उसे जोड़ से अलग नहीं किया जाएगा, उसे रास्ते से हटाया नहीं जाएगा। बल्कि, यह क्या होगा? इसे ठीक किया जाएगा। इस बैठक के दौरान, आपके कमजोर घुटने ठीक हो जाएंगे।

तुम्हारे झुके हुए हाथ ऊपर उठाए जाएँगे। आमीन। पवित्र आत्मा कह रहा है, वह तुम्हें यहाँ लाया है।

इसलिए नहीं कि परमेश्वर को नहीं पता कि आप में से कुछ लोग अलसी का धुआँ पी रहे हैं। बल्कि इसलिए कि उसने उस कुप्पी को न बुझाने का निश्चय कर लिया है। वह उसे आग में झोंकना चाहता है।

आप में से कुछ लोग आए हैं, और यह स्पष्ट नहीं है। क्या भगवान मेरे साथ कुछ करेंगे? क्या मैं आपको जल्दी से बता सकता हूँ, उसने धुआँ उगलने वाली कुप्पी को न बुझाने का निश्चय किया है। इसलिए, अपने मार्ग पर चलते हुए, अपने झुके हुए हाथों को ऊपर उठाएँ।

अपने कमज़ोर घुटनों को मज़बूत बनाओ। अपने पैरों के लिए सीधे रास्ते बनाओ, ताकि जो लंगड़ा है वह टूट न जाए, बल्कि ठीक हो जाए। सभी लोगों के साथ शांति बनाए रखो और पवित्रता बनाए रखो।

जिसके बिना कोई भी मनुष्य प्रभु को नहीं देख सकता। ये वे सिद्धांत हैं जिनके बारे में हम समय के साथ बात करेंगे। ध्यान से देखो, कहीं कोई मनुष्य परमेश्वर की कृपा से वंचित न रह जाए।

कहीं ऐसा न हो कि कोई कड़वाहट की जड़ फूटकर तुम्हें परेशान करे और उसके कारण बहुत से लोग अशुद्ध हो जाएँ। कहीं ऐसा न हो कि एसाव जैसा कोई व्यभिचारी या अपवित्र व्यक्ति हो। एसाव के साथ सबसे बड़ी समस्या, क्या तुम जानते हो कि वह क्या है? क्या मैं तुम्हें उसकी समस्या बता सकता हूँ? उसकी समस्या यह थी कि वह बहुत बड़ा अवसर वाला व्यक्ति था, जिसे इसका पता नहीं था।

वह एक युवा व्यक्ति था जिसे भगवान ने महान बनने के लिए सभी अवसर दिए थे। लेकिन क्योंकि उसने इसकी कद्र नहीं की, इसलिए वह गलत चुनाव करता रहा। गलत फैसले लेता रहा।

उसके गलत चुनाव उसके करियर के चुनाव से शुरू हुए। खुले देश का आदमी बनने का उसका चुनाव। उन लड़कियों का चुनाव जिनसे उसने शादी की।

विरासत के बजाय, उसने मिर्च का सूप चुना। वह एक ऐसा आदमी था जो अपनी जवानी में कभी भविष्य के बारे में नहीं सोचता था। वह सिर्फ़ इस बारे में सोचता था कि इस समय क्या खाना है।

लेकिन आप देखिए कि पवित्र आत्मा किस तरह बोल रहा है, परमेश्वर पहले ही कह रहा है कि तुम एसाव की तरह नहीं बनोगे। परमेश्वर पहले ही कह रहा था कि नहीं, नहीं, नहीं, तुम्हें एसाव के

रास्ते पर नहीं चलना चाहिए। इसीलिए आज रात जो उपदेश आने वाला है, और आपकी अपनी प्रतिक्रिया बहुत आलोचनात्मक होगी।

वह कहता है, ऐसा न हो कि कोई व्यभिचारी या एसाव जैसा अपवित्र व्यक्ति हो, जिसने एक निवाले के लिए अपनी पत्नी को बेच दिया। आप जानते हैं कि बाद में, जब उसे आशीर्वाद मिलना था, तो उसे अस्वीकार कर दिया गया क्योंकि उसे कोई जगह नहीं मिली, पश्चाताप का कोई स्थान नहीं। भले ही उसने आँसू बहाते हुए सावधानी से इसकी तलाश की हो।

उसका अपना मामला खत्म हो चुका था, वह हमेशा के लिए हार गया था। लेकिन परमेश्वर तुम्हारे बारे में कुछ बेहतर कह रहा है। तो भाइयों, जब हम कांग्रेस में प्रवेश करते हैं, तो परमेश्वर तुमसे क्या चाहता है? तुम्हारे प्रति परमेश्वर का स्वभाव बहुत ही अद्भुत है।

भगवान कह रहे हैं, नहीं, नहीं, नहीं, मेरी आशा, मेरी अपेक्षा, मेरी योजना, उसके लिए मेरा विचार मुझे इसे बुझाने की अनुमति नहीं देगा। भले ही वह ब्रूस रीड की तरह दिखाई दे रहा हो, मैं उसे काटने वाला नहीं हूँ, मैं उसे अलग नहीं करने वाला हूँ। वह ब्रूस है, वह रीड है, इसका मतलब है कि वह ऐसा है, ऐसा है, ऐसा है।

लेकिन मैं प्रतिबद्ध हूँ, मैं उसे ऊपर उठाने के लिए प्रतिबद्ध हूँ। यही कारण है कि हम आज रात यहाँ हैं। यही उद्देश्य है, यही प्रार्थना है, और यही इस विशेष बैठक का मुख्य भाग है।

भगवान कह रहे हैं, ब्रूस रीड विजेता बनने जा रहा है। धूम्रपान करने वाला फ्लैक्स विजेता बनने जा रहा है। जिसे त्याग दिया जा सकता था, वह आने वाले दिनों में ईश्वर के दिव्य उद्देश्य के नेताओं में से एक बनने जा रहा है।

यदि आप मेरे हृदय की स्थिति को जानते हैं, तो ईश्वर कह रहे हैं, आपको इन जीवनों में योगदान देने का सौभाग्य प्राप्त है। आप केवल उनके मार्ग में योगदान दे रहे हैं, जहाँ वे जा रहे हैं। और मैं कहता हूँ, यह कितना सौभाग्य है।

यह कितना सौभाग्य की बात है। यह जानना और ईश्वर द्वारा आप में से कई लोगों के आने वाले महान दिनों की एक छोटी सी झलक दिखाना। मुझे आज रात ईश्वर से यह पूछने का मन कर रहा है, पिता, आपने जो जीवन इकट्ठा किया है, चूँकि आपने धुआँ उगलने वाले सन को न बुझाने का फैसला किया है, उन्हें प्रज्वलित करें प्रभु।

चूँकि आपने तय कर लिया है कि आप लंगड़ों को भी अपने रास्ते से नहीं हटाएँगे, बल्कि उनके कमज़ोर घुटनों को मज़बूत करेंगे। चूँकि आपने तय कर लिया है कि आप उनमें से जो चोटिल हैं, उन्हें भी नहीं तोड़ेंगे। उनके लिए मार्ग तय करें, उनके पैरों को उनके बचे हुए सालों के लिए जीत के मार्ग पर रखें, यीशु मसीह के नाम पर।

मुझे लगता है कि आपके साथ मिलकर मुझे भी ईश्वर पर विश्वास करना चाहिए। यह विश्वास करते हुए कि आपके जीवन में हर विरोधाभास, आपको बुझाने के बजाय, यीशु मसीह के नाम पर

बुझा दिया जाएगा। मुझे लगता है कि आने वाले दिनों में हम सब मिलकर ईश्वर को पुकारेंगे।

आपके जीवन के लिए ईश्वर के दिव्य उद्देश्य की गहराई। क्योंकि हम उससे परे देख रहे हैं जो आप आज देख सकते हैं। स्वर्ग ने हमें दिखाया है कि वहाँ एक जगह है, आपके लिए एक जगह है।

जिसके लिए आप प्रभु यीशु मसीह के नाम में जीवित प्रभु के रूप में चलेंगे। अब मैं आपसे पूछता हूँ, क्योंकि आप एक निश्चित प्रार्थना करने जा रहे हैं। इसलिए, इसके कारण, आपके जीवन पर परमेश्वर की इस स्थिति के कारण, हर बोझ को अलग रखें, अलग रखें।

हर बोझ और हर पाप जो लगातार तुम्हें जकड़े हुए है, लगातार तुम्हें नीचे गिराना चाहता है। मानो तुम्हें एक अस्तित्वहीन व्यक्ति बनाना चाहता है। मानो तुम्हारे जीवन में छेद करना चाहता है।

मानो तुम्हें हर तरह के सद्गुण से वंचित कर देना है। मानो तुम्हें हमेशा के लिए नुकसान पहुंचा देना है, इससे पहले कि ईश्वर तुम्हारे पास आए। उन पापों को जो आसानी से तुम्हारे पास आ जाते हैं।

जैसे कि जल्दी, जल्दी, जल्दी, जैसे कि शैतान कह रहा हो, देखो यह लड़का बहुत बढ़िया बनने वाला है। इसे छोटा कर दो। कुछ ऐसा करो कि अगर भगवान भी उसकी मदद करने का फैसला कर लें, तो भी वह जीवन में कभी संतुलित नहीं रह पाएगा।

मानो शैतान कह रहा हो, इस लड़की को देखो। ईश्वर की दिव्य योजना के अनुसार, इसका विवाह बहुत बढ़िया और शानदार होने वाला है। लेकिन उससे पहले, जल्दी से इसे नुकसान पहुँचाओ।

ताकि अगर भगवान भी आएं, तो वह उसे माफ कर दें। वह उसे माफ करने का फैसला कर सकते हैं। लेकिन हमारा नुकसान लगभग अपूरणीय हो जाएगा।

बस यही है। कभी-कभी मैं अपने जीवन में आए प्रलोभनों को देखता हूँ, जो एक युवा के रूप में मेरे सामने आए थे। और एक दिन मैं प्रार्थना कर रहा था, मैंने कहा, भगवान, ऐसा क्यों है कि शैतान हमेशा इस तरह से मेरा पीछा करता रहता है? और प्रभु ने कहा, ऐसा इसलिए है क्योंकि वहाँ कुछ है।

क्या आपको लगता है कि शैतान एक ऐसे व्यक्ति का पीछा करके मूर्खता करेगा जिसका कोई भाग्य नहीं है? क्या आपको लगता है कि अगर वहाँ कुछ भी नहीं है तो शैतान आपके पीछे भागने में अपना समय बर्बाद करेगा? आपके प्रलोभन की तीव्रता शैतान की उन बातों की वजह से है जो भगवान आपसे बनाने वाले हैं। जिस तरह से शैतान दौड़ रहा है, दौड़ रहा है, दौड़ रहा है, जैसे कि कोई धक्का दे रहा हो, कह रहा हो, जल्दी करो, जल्दी करो, जल्दी करो। और आप खुद को दबाव में पाते हैं।

गलत व्यवहार करने का दबाव। पाप में गिरने का दबाव। कुछ ऐसा करने का दबाव जिससे आप सोचते रहें, मुझे क्या धक्का दे रहा है,

मुझे क्या धक्का दे रहा है? ऐसा इसलिए हो सकता है क्योंकि उन्हें शक की बू आ रही है।

वे कहते हैं, अगर हम इस युवक का नेतृत्व करेंगे, तो वह हमें नुकसान पहुंचा सकता है। इससे पहले कि वह हमें नुकसान पहुंचाए, हम उसे नुकसान पहुंचा दें। आज रात, आपके प्रति परमेश्वर के स्वभाव के कारण।

क्योंकि परमेश्वर ने ठान लिया है कि वह उस धुएँ वाली ज्वाला को नहीं बुझाएगा। जहाँ तक परमेश्वर का ठान है, उसने कहा, घाव नहीं मिट रहे हैं। उस स्वभाव के कारण।

मुझे लगता है कि शैतान ने भी इस बात को समझ लिया है। और उसने कहा, मैं जल्दी से क्या कर सकता हूँ ताकि यह सुनिश्चित हो सके कि वहाँ कुछ ऐसा है जिसे अब और ठीक नहीं किया जा सकता अगर मैं हमला करता हूँ? ऐसा इसलिए है क्योंकि वहाँ कुछ है। इसलिए जब मुझे यह पता चला, तो मैंने शैतान को बताना शुरू कर दिया।

मैंने कहा, शैतान, जिस तरह से तुम मुझ पर झपटते रहते हो। मुझे लगता है कि मैं कल कुछ मूल्यवान बन जाऊंगा। इसलिए तुम मुझमें जो खोज रहे हो वह मूल्यवान है।

इसीलिए आप इसे पाने की कोशिश कर रहे हैं और इसे किसी बेकार चीज़ से बदलने की कोशिश कर रहे हैं। आपको यह नहीं मिलेगा। आपको यह नहीं मिल रहा है।

मैं किसी बात में उलझा हुआ हूँ। मुझे पता है कि शैतान मुझसे डरता है। मुझे पता है कि उसे मेरी प्रगति पसंद नहीं है।

मैं जानता हूँ कि शैतान हर बार मीटिंग पर मीटिंग बुलाता है। और जब वे पूछते हैं, एजेंडा क्या है? आप कहते हैं, बिली अकाने नंबर एक एजेंडा है। हमें नहीं पता कि क्या करना है।

हम उसे खत्म करना चाहते हैं लेकिन वह हमेशा हमारे लिए असंभव रहा है। हम उसे तब पकड़ना चाहते थे जब वह छोटा था। हमने उसे खत्म करने के लिए लड़कियों को प्रायोजित करने की कोशिश की लेकिन वह बच निकला।

आप देख रहे हैं कि अब वह हमारे साथ क्या कर रहा है? वह हमारे लिए उलझन पैदा कर रहा है। हर बार, जब उनकी मीटिंग होती है, हर बार जब वे अपनी मीटिंग खत्म करना चाहते हैं, जब उनका एजेंडा मेरे पास आता है, तो वे उलझन में पड़ जाते हैं। वे बस यही कहते हैं, लेकिन जो उनके लिए है वह हम सब से बड़ा है।

जिसने उससे प्रेम किया है, जिसने उसे घेरने का निर्णय लिया है, वह ऐसा व्यक्ति है जिसे हम जीत नहीं सकते। हम नहीं जानते कि क्या करना है। और मैं तुमसे कहता हूँ, शैतान यीशु मसीह के नाम पर मेरे बारे में पछताता रहेगा।

लेकिन यहाँ बैठे आप में से कई लोगों के लिए यह और भी ज़्यादा है। शैतान यीशु मसीह के नाम पर आपके कारण कष्ट सहने वाला है। इसलिए मेरे दोस्तों, बाइबल कहती है, इस कारण से, हर बोझ, हर पाप को अलग कर दो जो तुम्हें आसानी से उलझाता है, जो

हमेशा तुम्हारे पास आता है, तुम्हें आकर्षित करता है, चाहे वह कुछ भी हो।

क्या यह अनैतिकता है? क्या यह लड़कियाँ हैं जो हमेशा आपके सामने इस तरह से बहती हुई दिखाई देती हैं? और जैसे कि आप कहीं भी जाते हैं, एक बार जब आप किसी जगह में प्रवेश करते हैं, जैसे कि नरक की परिषद में एक घोषणा होती है, कहते हैं, वह आ गई है। जैसे कि व्याख्याता यहाँ आपकी ओर आँखें गड़ा रहे हैं, दूसरे लड़के यहाँ आपकी ओर देख रहे हैं, यह आदमी आप पर चिल्ला रहा है, ऐसा इसलिए है क्योंकि आपके बारे में कुछ ऐसा है जो महत्वपूर्ण है। और वे सोच रहे हैं, हम क्या करें? और मैं गाता था, मैं शैतान से कहता था, मैं कहता हूँ, चाहे तुम अपना सिर घुमाओ और तुम अपना सिर ज़मीन पर रखकर चलना शुरू करो, मैं विजयी होऊँगा।

चाहे आपको यह पसंद हो या नहीं, मैं विजयी होने जा रहा हूँ। जब मैं उस ईश्वर को देख लेता हूँ, तो उसकी आँखें मेरे लिए भलाई के लिए खुली रहती हैं, नहीं। इसलिए आज रात, जब मैं इस बैठक में आपका स्वागत करता हूँ, तो क्या मैं आपसे अपने पैरों को सही रास्ते पर रखने के लिए कह सकता हूँ।

क्या मैं आज रात आपसे पूछ सकता हूँ, अभी से, बस आज रात, बस इतना ही, हम बहुत कुछ नहीं करने जा रहे हैं, बस आज रात के लिए, आपके कहने के लिए। तो यही कारण है कि, सभी चुनौतियाँ मेरे सामने आ रही थीं। तो यही कारण है कि, कभी-कभी, शैतान

संगठित होकर आपको इतना बुरा, इतना शर्मिंदा महसूस कराएगा, मानो आप जाकर उसके क्लब में शामिल हो जाएँ।

तो यही कारण है कि, वे सभी चीजें जो, आप जानते हैं, आपको यहाँ खींच रही थीं और वे आपके जीवन को बिखेरने की कोशिश कर रही हैं। इसलिए, हम आज रात कहने जा रहे हैं, मेरे प्रति परमेश्वर के स्वभाव के कारण, मैं उन लोगों में से एक हूँ जिन्हें परमेश्वर ने प्यार करने के लिए चुना है। उसका हाथ भलाई के लिए मेरी ओर बढ़ा है।

मैं किसी भी तरह से पीछे हटने वाला नहीं हूँ। मैंने तय कर लिया है कि हर रास्ता, हर प्रवेश, हर चीज़ मायने रखेगी कि वह कैसी दिखती है। मुझे पता है कि वे एक एक्सचेंज की तलाश में हैं।

और जो परमेश्वर ने मेरे लिए रखा है, मैं उसे कैसे बेच सकता हूँ? जैसे एसाव ने अपना बेचा था। मैं एसाव जैसा नहीं बनने वाला हूँ। मैं एसाव जैसा नहीं बनने वाला हूँ।

एसाव ने एक चम्मच भरकर दही लिया और अपना जन्मसिद्ध अधिकार सौंप दिया। 10 मिनट तक उसके मुँह में दही मीठा लगता रहा। वह चला गया।

यह न जानते हुए कि शैतान ने उसके जीवन का कुछ अंत कर दिया है। जब वह वापस आ रहा था, तब बाइबल कहती है कि उसने आँसू बहाते हुए ध्यानपूर्वक आशीर्वाद की तलाश की। क्या वह इसे पाने में सक्षम था? नहीं।

उसने एक शाश्वत गलती की थी। जब आप बाइबल में पढ़ते हैं, तो परमेश्वर ने कहा, मैं एसाव से घृणा करता हूँ। आप कहते हैं, परमेश्वर ने एसाव से घृणा क्यों की? क्योंकि उसमें कोई समझ नहीं थी।

उसे अपने मूल्य का कोई बोध नहीं था। क्या वह समझता है कि शैतान ने उसके लिए क्या रखा है? और उसने तत्काल सुख की प्राप्ति के लिए, एक झटके में उसे दे दिया। यीशु के नाम पर ऐसा आपके साथ नहीं होता।

मैं आज रात आपके लिए परमेश्वर से बात करने वाला हूँ। लेकिन फिर बाइबल कहती है, इस कारण से, हर बोझ, हर पाप को त्याग दो। परमेश्वर के प्रति आपकी प्रतिक्रिया, इसलिए है क्योंकि स्वर्ग, आपके प्रति अनुकूल रूप से, निपटा हुआ है।

भगवान ने खुद कहा, मैं उस धुएँ वाली कुप्पी को नहीं बुझा रहा हूँ। मैं उस लंगड़े पैर को दूर नहीं कर रहा हूँ। मैं उसे ठीक करने जा रहा हूँ।

मैं इसे अलग-अलग हिस्सों में बांटने जा रहा हूँ। इसलिए मैं आपसे यह पूछने जा रहा हूँ, क्योंकि हम आज रात प्रार्थना करेंगे, और मैं चाहता हूँ कि आप इस बारे में बहुत सावधान रहें। मैं आपसे यह पूछने जा रहा हूँ, क्योंकि हम आज रात एक साथ मिलकर परमेश्वर को पुकारेंगे, बहुत जल्दी और बहुत संक्षेप में, कि जो लोग घायल हैं, शैतान आपको बताएगा, उसे छिपाएँ।

तुम्हें पता है, जब हम छोटे थे, तो जब हम शिकार करने जाते थे, तो हम आम तौर पर भाग जाते थे। हम घर पर उन्हें नहीं बताते कि हम झाड़ियों की ओर भाग रहे हैं। इसलिए जब हम शिकार करने जाते हैं, तो वे हर जगह आपको ढूँढ़ते हैं।

लेकिन जब आप शिकार करने जा रहे होते हैं, तो रास्ते में यह पुआल, यह छड़ी होती है, जो आपके पैर को दबा देती है, और आप घायल हो जाते हैं। और आप जानते हैं कि जब आप इसे खून से लथपथ घर लाते हैं, तो माँ पूछती है, तुम कहाँ गए थे? मैंने तुमसे कहा था कि बाहर मत जाओ, तुम वहाँ क्यों गए? और वे नमक की तलाश करने जा रहे हैं, और इसे पानी में डाल देंगे, क्या करने के लिए? इसे धोने के लिए, ताकि वे इसे कीटाणुरहित कर सकें। लेकिन आप जानते हैं कि नमक, पानी में, आप जानते हैं कि यह जल्दी से क्या बनाता है? यह क्लोरोक्वीन, या आयोडीन, उन सभी परिवारों के परिवार में है।

जब आप इसे लकड़ी पर लगाते हैं, तो यह क्या करता है? यह आपको छेदता है। लेकिन दो, तीन दिन बाद यह सूख जाएगा। लेकिन क्योंकि, कुछ लोग बस कहते हैं, नहीं, नहीं, नहीं, उन्हें मत बताना।

तो हमने क्या किया? आप पैर को छुपा रहे हैं। आप लकड़ी के अंदर रेत डाल रहे हैं, ताकि खून बहना बंद हो जाए, लेकिन आपने रेत से ही खून रोक दिया है। फिर जब आप आ रहे हैं, तो आप ऐसा करते हैं।

आप स्टाइल से चलते हैं। आप कभी-कभी जानते हैं, ताकि किसी को पता न चले कि यह पैर ठीक नहीं है। आप बस अपना हाथ यहाँ, जेब में रखते हैं, और आप इस तरह चलते हैं।

और फिर तुम स्टाइल से काम करने की कोशिश करती हो। तो तुम जो कर रही हो, जवान लड़की, यह जाने बिना कि तुम स्टाइल का इस्तेमाल करके घाव या खरोंच को छुपा रही हो। हमारे पैरों पर इसका क्या असर हुआ? वह चीज सूज जाएगी।

यह चीज़ छिद्रों को बाहर निकालना शुरू कर देगी। बुरी, बुरी गंध। आखिरकार, जब वे इस पर चर्चा करते हैं, तो वे कहते हैं, आपके पैर में क्या समस्या है? आप जानते हैं, कुछ चुभ रहा है।

और तुमने बात नहीं की। और यह अब एक बड़ा घाव बन गया है। मैं चाहता हूँ कि आज रात तुम्हें पता चले, बाबा ने कहा, मुझे पता है कि तुम चोटिल हो, लेकिन चोटिल हुई लकीर, मैं नहीं तोड़ूँगा।

मैं इसे ठीक करना चाहता हूँ। लेकिन शैतान कह रहा है, नहीं! उसे मत बताना कि तुम घायल हो। इसे ढक दो।

और एक स्टाइल का इस्तेमाल करके इधर-उधर घूमो और कहो कि हम ठीक हैं। क्या तुम्हें पता है कि वह क्या योजना बना रहा है? वह तुम्हारा पैर काटने की योजना बना रहा है। वह जानता है कि तुम जीतने के लिए पैदा हुए हो, लेकिन अगर वह तुम्हारा पैर काट सकता है तो तुम फिर से किसके साथ दौड़ोगे? इसलिए वह चाहता है कि तुम अपनी चोट को छिपाओ।

लेकिन स्वर्ग कहता है, मैं चोटिल रिज को नहीं तोड़ूंगा। मैं इसे और मजबूत करूंगा। धुआँ उगलता सन, मैं इसे बुझाने नहीं जा रहा।

मैं तो इसे आग में झोंकना पसंद करूंगा। हम ठीक हैं। हम ठीक हैं।

सीधा रास्ता अपनाओ। इस मीटिंग में कोने कोने में मत रहो। हलेलुयाह।

यहाँ दिखावा मत करो। यहाँ, परमेश्वर विजेताओं को खड़ा कर रहा है। परमेश्वर चैंपियन तैयार कर रहा है।

लेकिन यह दिलचस्प था कि परमेश्वर जानता है कि कल के उसके चैंपियन, वे आज की चोटिल पहाड़ी हैं। क्या हम साथ हैं? कल के चैंपियन, विजेता जिन्हें परमेश्वर वर्तमान में देख रहा है, वे कैसे हैं? वे धुआँ उगलने वाले सन हैं। वे चोटिल पहाड़ी हैं।

और शैतान यह मानकर चल रहा है कि चूँकि उसने तुम्हें चोट पहुँचाई है, इसलिए तुम ज़्यादा दूर नहीं जा पाओगे। वह नहीं जानता कि परमेश्वर के मन में क्या है। मैं आज रात प्रार्थना करने जा रहा हूँ।

मैं बस इतना कहना चाहता हूँ कि जो लोग परमेश्वर के राज्य में विजयी हुए, वे एक समय में क्या थे? एक कुचली हुई पहाड़ी। जो लोग अब परमेश्वर के लिए जल रहे हैं, वे एक समय में क्या थे? एक धुआँ उगलने वाली सन। लेकिन उन्होंने जो किया वह बस इतना था कि उन्होंने अपने पैरों के लिए एक सीधा रास्ता बनाया।

वे परमेश्वर के पास आए। उन्होंने कहा, हे पिता, मैं कुटिल मार्ग पर जाने के बजाय आना चाहता हूँ। मैं पवित्रता का अनुसरण करना चाहता हूँ।

मैं अपना जीवन तुम्हारे सामने प्रकट करना चाहता हूँ। मैं चाहता हूँ कि तुम मेरे घावों को भर दो। मैं चाहता हूँ कि तुम मुझे मुक्ति दो।

मैं चाहता हूँ कि तुम मेरे जीवन में शैतान की इस मूक गतिविधि को समाप्त करो। मैं यहाँ जीतने के लिए हूँ। और मैं चाहता हूँ कि तुम मुझे विजेता बनाओ।

क्या आपको लगता है कि आप आज रात को खुलेपन से शुरू करना चाहेंगे? एह? क्या आप इस बैठक को वहीं से शुरू करना चाहेंगे जहाँ से परमेश्वर इसे शुरू कर रहा है? हलेलुयाह। क्या आप इस बैठक को वहीं से शुरू करना चाहेंगे जहाँ से स्वर्ग अपना ध्यान केंद्रित कर रहा है और कह रहा है, भले ही तुम घायल हो, मैं तुम्हें एक तरफ़ नहीं फेंकने वाला हूँ। भले ही तुम घायल हो, मैं तुम्हें त्यागने वाला नहीं हूँ।

और भले ही तुम धुआँ उगलते हुए सन की तरह दिख रहे हो, मैं तुम्हारी प्यास बुझाने वाला नहीं हूँ। मैं तैयार हूँ। मैं तुम्हें माफ़ करने के लिए तैयार हूँ।

मैं आपकी मदद करने के लिए तैयार हूँ। मैं आपको ठीक करने के लिए तैयार हूँ। मैं तैयार हूँ और मैं आपके मामले से निराश नहीं होऊँगा।

मैं आपके मामले से निराश नहीं होने वाला हूँ। मैं आपके जीवन में अपने उद्देश्यों को पूरा करने के लिए तैयार हूँ। लेकिन आपकी अपनी प्रतिक्रिया क्या है? अपने विश्वास के लिए एक सीधा रास्ता बनाइए।

यहाँ कोने कोने में मत जाओ। मुद्दों के बीच में पीछे मत चलो। भगवान से कहो, हाँ।

यदि आप अपने राज्य में एक टूटी हुई पहाड़ी को एक मजबूत स्तंभ बना सकते हैं, तो मैं यहाँ हूँ। यदि आप, हे ईश्वर, धुआँ उगलते हुए सन पर तब तक फूंक मार सकते हैं जब तक कि वह आपके हृदय में एक शक्तिशाली ज्वाला न बन जाए, तो मैं आज रात यहाँ हूँ। हेलेलुयाह। क्या हम प्रार्थना करने के लिए तैयार हैं? क्या हम प्रार्थना करने के लिए तैयार हैं? जब हम सुबह वापस आते हैं और हम सिद्धांतों से निपट रहे होते हैं, तो यह ठीक है।

लेकिन भगवान चाहते हैं कि मैं आज रात आपको बता दूं कि वह आपके प्रति अनुकूल हैं। मैं आज आपको देख रहा हूँ। मैं आने वाले दिनों में आपके बारे में सुनूंगा।

क्योंकि प्रभु का उत्साह इसे पूरा करेगा। कुछ लोग समझ नहीं पाते कि हम यह मीटिंग क्यों कर रहे हैं। वे नहीं जानते।

वे हैरान हैं कि यह सब क्या है। कुछ लोग सवाल पूछ रहे हैं। वे क्या कर रहे हैं? वे क्या कर रहे हैं? वे क्या कर रहे हैं? उन्हें अकेला छोड़ दो।

जब परमेश्वर जो कर रहा है, वह सामने आएगा, तो आपकी पीढ़ी को पता चलेगा। आपकी पीढ़ी जागेगी और कहेगी, लेकिन यह आदमी कहाँ से आ रहा है? गोलियत का सिर किसने काटा? क्या हम आज रात एक साथ प्रार्थना करने के लिए तैयार हैं? अभी खड़े हो जाओ और प्रार्थना करो। मैं पहले प्रार्थना करने जा रहा हूँ, उसके बाद ही तुम परमेश्वर को जवाब दोगे।

मुझे पहले प्रार्थना करने दो। क्या आप मुझे पहले प्रार्थना करने की अनुमति देंगे? और फिर आप अपनी प्रार्थना करेंगे। पिता, आज रात, धन्यवाद।

धन्यवाद। इस स्थान पर आपके हाथ फैलाने के लिए धन्यवाद। आपके पक्ष के लिए धन्यवाद। आपके स्वभाव के लिए धन्यवाद।

धन्यवाद कि मैं आपको यह कहते हुए सुन रहा हूँ कि आप हमारे लिए एक बेहतर चीज़ प्रदान कर रहे हैं, जैसे कि उन सभी महान विजेताओं को, आपने उन्हें अभी इंतज़ार करने के लिए कहा था जैसे कि सर्वश्रेष्ठ अभी आना बाकी है। भगवान, धन्यवाद। हे भगवान, आपका यह भी धन्यवाद कि भले ही ये युवा लोग इतने सारे हैं कि उनके बारे में बहुत सी बातें ऐसी लगती हैं जैसे कि वे चोटिल हो गए हों।

और शैतान कहना चाहता है, हाँ, मैंने इसे पकड़ लिया है। यह न जानते हुए कि जो हमें बचाता है वह शक्तिशाली ईश्वर है, वह विस्मयकारी ईश्वर है, वही है जो बचाता है, वही है जिसे कोई भी अपने हाथों से नहीं बचा सकता। धन्यवाद, पिता।

धन्यवाद कि आज रात यहाँ मौजूद इन लोगों में से किसी के जीवन में सभी निराशाएँ आपको डरा नहीं सकतीं क्योंकि यीशु, आप उनके मामले से निराश नहीं होंगे। प्रभु, धन्यवाद। प्रभु, आपने कहा कि आप यहाँ यही करना चाहते हैं।

इस तरह से आप इन लोगों के साथ संबंध बनाना चाहते हैं। यही वह है जो आप इन दिनों में करना चाहते हैं कि धुआँ उगलने वाली कुप्पी, आप छोड़ने वाले नहीं हैं। बल्कि आप तब तक अंगारों पर फूंक मारते रहेंगे जब तक कि वे आने वाले दिनों के लिए आग न पकड़ लें।

धन्यवाद पिताजी। मैं आज रात आपकी प्रशंसा करता हूँ। मैं आज रात आपकी प्रशंसा करता हूँ।

प्रभु, आपने अब इसी कारण से कहा है कि कल के चैंपियन आज के ब्रूस ली हैं। आप उन्हें इसी तरह बनाते हैं। धन्यवाद प्रभु।

इस प्रार्थना को सुनने के लिए आपका धन्यवाद। अब, पिता, मैं आपके सीधे हाथों से जानता हूँ, जैसा कि मैं ईमानदारी से कहता हूँ, मुझे नहीं पता था कि यह मेरे लिए आपकी योजना है। मैं अपनी खबर क्यों छिपाऊँगा? मैं इसमें साधारण सत्संग क्यों डालूँगा? और मैं दरवाजे के पीछे क्यों रहूँगा, जब मैं निडर होकर इसे उजागर करने के लिए आ सकता था और कह सकता था, हाँ, प्रभु, मुझे चोट लगी है।

मैं घायल हो गया हूँ। मैं धुआँ उगलने वाली कुप्पी बन गया हूँ। लेकिन मैं यहाँ हूँ।

मैं रास्तों से चलने से इंकार करता हूँ और अपने पैरों के लिए सीधा रास्ता नहीं बनाता। मैं आ रहा हूँ। मैं जैसा हूँ, वैसा ही तुम्हारे पास आ रहा हूँ।

और मैं यहाँ से कुछ भी छिपाकर नहीं जाऊँगा। मैं सिर्फ़ तुमसे चाहता हूँ, प्रभु, चूँकि तुमने मुझे हराने का फ़ैसला किया है, इसलिए मैंने तुम्हारे सामने खुलने का फ़ैसला किया है ताकि तुम मेरे घावों को बाँध सको। तुम मेरे घावों को भर दोगे।

लंगड़े पैर को आप रास्ते से नहीं हटाएँगे। बल्कि आप उसे ठीक करेंगे। धन्यवाद, प्रभु।

इस रात, वे कुचले हुए नरकट कहाँ हैं? वे कहाँ हैं जो अब छिप नहीं सकते? जो अब नहीं छिप सकते, जो अब अपने घावों को छिपाने के लिए तैयार नहीं हैं? जो कह रहे हैं, भगवान, मैं जानता हूँ कि मैंने सही जीवन नहीं जिया है। शैतान खुश है कि उसने मुझे पकड़ लिया है। उसने मुझे अनैतिकता के पाप में फँसा लिया है।

उसने मुझे पाप में फँसा लिया है। उसने सोचा है कि हाँ, यह फिर नहीं होगा। मैंने कई बार कोशिश की है।

मैंने बहुत भागदौड़ की है। उसने सोचा कि मैं इसे नहीं तोड़ पाऊँगा। लेकिन आज रात, प्रभु, मेरे प्रति आपके स्वभाव के कारण, क्योंकि मैं यहाँ इस मंदिर में हूँ, मैं इसे नहीं तोड़ूँगा।

और मैं तब तक निराश नहीं होऊंगा जब तक कि मैं पृथ्वी पर न्याय स्थापित नहीं कर देता। केवल वे ही जो जानते हैं कि वे

चोटिल हैं, केवल वे ही जिन्हें परमेश्वर की सहायता की आवश्यकता है, केवल वे ही जो कह रहे हैं, पिता, यदि यह मेरे जीवन के लिए आपकी योजना है, तो मैं वह मूर्ख लड़का कैसे बन सकता हूँ जो अपने घावों को छिपा रहा है? मैं कैसे अपने घावों को छिपाऊँगा जब मैं उसके पास आ सकता हूँ जो मेरे जीवन की सहायता कर सकता है? प्रभु, मैं आपके पास आता हूँ। प्रभु, मैं आपके पास आता हूँ।

हे प्रभु, मैं आपके पास आता हूँ। जैसे कि मेरे पास कोई दलील नहीं है, लेकिन आपकी महिमा मेरे लिए बहा दी गई, मुझे अब संदेह है कि शांति मुझे मिल सकती है। हे परमेश्वर के मेम्ने, मैं आता हूँ।

मैं आता हूँ। जैसे कि मेरे पास कोई दलील नहीं है, लेकिन आपकी महिमा के लिए, मुझे अब संदेह है कि शांति मुझे मिल सकती है। हे परमेश्वर के मेम्ने, मैं आता हूँ।

मैं आता हूँ। जैसे कि मैं बिना किसी दलील के हूँ, लेकिन आपकी महिमा मेरे लिए बहा दी गई, मुझे अब संदेह है कि शांति मुझे मिल सकती है। हे परमेश्वर के मेम्ने, मैं आता हूँ।

मैं आ रहा हूँ। जैसे मैं बिना किसी दलील के आता हूँ, भगवान तुम्हें आशीर्वाद दें, जल्दी, जल्दी, मेरे प्यारे। मैं तुमसे प्यार करता हूँ।

मुझे पता है मैं तुमसे प्यार करता हूँ। मुझे पता है मैं तुमसे प्यार करता हूँ। हाँ, तुमसे।

मैं तुमसे प्यार करता हूँ। मैं जानता हूँ मैं तुमसे प्यार करता हूँ। मैं जानता हूँ मैं तुमसे प्यार करता हूँ।

मुझे पता है कि मैं तुमसे प्यार करता हूँ। मुझे पता है कि मैं तुमसे प्यार करता हूँ। जैसे मैं अकेला नहीं हूँ।

चलो यहाँ एक कमरा बनाते हैं। सुनो, सुनो, मेरे दोस्त। मुझे तुम्हारे घुटनों पर बैठने के लिए जगह चाहिए।

अब? आप समझे? आप समझे? मुझे लगता है कि यह कोई समस्या नहीं है। धन्यवाद। धन्यवाद।

हम उस गाने को दो बार गा रहे हैं। लेकिन इससे पहले कि हम इसे दोबारा गाएँ, सुनो। सुनो, मेरे भाई।

सुनो, प्यारी बहन। हल्लिलूय्याह। सुनो।

सुनो। आज रात यह महत्वपूर्ण है। तुम अपनी चोट क्यों छिपाओगे? क्या यह शैतान के लिए है जिसने तय किया कि मैं यह शॉट रिकॉर्ड करूँ? कि तुम इसे छिपा रहे हो? क्या तुम जानते हो कि बाइबल कहती है कि जो लोग अपने पापों को छिपाते हैं, वे समृद्ध नहीं होंगे, वे प्रगति नहीं करेंगे? क्या तुम जानते हो कि जो लोग हताहत हुए, ऐसा इसलिए नहीं हुआ क्योंकि परमेश्वर उनकी मदद नहीं कर सका, ऐसा इसलिए हुआ क्योंकि वे नहीं आए।

जो लोग अंततः बेकार हो गए, ऐसा इसलिए नहीं है कि भगवान उन्हें बचाने में कमज़ोर थे, वे नहीं आए। वे छिपे हुए थे। हम इस गीत को दो बार और ले रहे हैं।

जो लोग चोटिल हो गए हैं, जो विजेता बनने के बजाय पीड़ित बन गए हैं, इंटरनेट के शिकार, समलैंगिकता के शिकार, अनैतिकता के शिकार, पीड़ित, पीड़ित। सुनो, शैतान सोच रहा है कि उसे यह मिल गया है, लेकिन भगवान ने कहा नहीं। एक चोट, पढ़ो, मैं नहीं टूटूंगा।

एक चोट, पढ़ो, मैं टूटने वाला नहीं हूँ, मैं इसे ठीक कर दूँगा। एक चोट, मैं तैयार हूँ, मैं निराश नहीं होने वाला हूँ। भगवान आपके मामले से निराश नहीं है।

वह आपके प्रति एक अनुकूल हृदय, एक अनुकूल स्वभाव रखता है। हम इस गीत को अंतिम दो बार गाते हैं। आप में से जो लोग आगे हैं, क्या आप अपने हाथ भगवान की ओर उठाकर कह सकते हैं, जैसा कि मैं उस एक निवेदन के साथ कर रहा हूँ।

जैसे मैं उस एक निवेदन के साथ हूँ, जैसे मैं उस एक निवेदन के साथ हूँ, और जैसे मैं इसे आपके सामने उठाता हूँ, हे प्रभु, मैं आपसे प्यार करता हूँ। अब हम थोड़ा और बात कर सकते हैं, क्योंकि हम समापन करने जा रहे हैं। मुझे निर्देशकों की ज़रूरत है।

मुझे निर्देशकों की ज़रूरत है। आखिरकार अब, आखिरकार अब। जैसे मैं उस एक दलील के साथ हूँ, जैसे मैं उस एक दलील के साथ हूँ, हे प्रभु, मैं तुमसे प्यार करता हूँ।

मैं तुमसे प्यार करता हूँ। मैं तुमसे प्यार करता हूँ। बस प्रभु से कहो कि मैं आ गया हूँ।

चोट का निशान आ गया है। एक धुँआधार सन यहाँ है। मैं लगभग बुझ गया हूँ।

मैं लगभग बिखर चुका हूँ। मैं यहाँ हूँ। मेरे साथ जैसा व्यवहार करना चाहो करो।

चूँकि तुमने कहा था कि तुम इसे बुझा नहीं पाओगे, इसलिए आज रात मुझ पर दया करो। आज रात मुझे माफ़ कर दो। मेरे ज़ख्मों पर अपना मरहम डालो।

शैतान ने जो शक्ति के क्षेत्र बनाए हैं, शैतान ने जो क्षेत्र मुझे पकड़ा है, उसने सोचा कि उसने तीर चला दिया है। आज रात अपने हाथ से जो कहा है, वही मारो। मुझे कालकोठरी से बाहर निकालो।

मुझे कालकोठरी से बाहर निकालो। शुक्रिया, यीशु। शुक्रिया, यीशु।

धन्यवाद, यीशु। धन्यवाद, यीशु। धन्यवाद, यीशु।

हे परमेश्वर की आत्मा, आज रात, आज रात, यह सभा शुरू हो। हे परमेश्वर, क्षमा लाओ। शुद्धि लाओ।

जैसे ही तुम इन जीवन में कदम रखोगे, एक धुआँ उगलने वाला सन, मैं बुझाऊँगा नहीं। ब्रूस ली, मैं तोड़ूँगा नहीं। जितने भी मेरे पास आएँगे, मैं जानूँगा कि उसे क्यों निकाला गया।

शुक्रिया। शुक्रिया। आज रात अपनी राह पर चलिए।

यीशु के नाम में, हम प्रार्थना कर रहे हैं। आज रात जब हम परमेश्वर को पुकारते हैं, तो मैं आपके लिए भी प्रार्थना करना चाहता हूँ। प्रभु यीशु, आज रात, 28 अप्रैल को, दया करके हमारी ओर मुड़ें।

यीशु मसीह के नाम पर उनकी कैद से छुटकारा पाओ। शैतान, तुम उनके कारण शर्मिंदा होने वाले हो। तुम उनके पतन पर थोड़ी देर के लिए खुश हुए हो।

तुम इस तरह शेखी बघारते और डींग मारते रहे हो जैसे कि यह फिर कभी नहीं जा सकता। लेकिन प्रभु उनके लिए जुबली की घोषणा करने आए हैं। यीशु मसीह के नाम पर उनके जीवन पर आपकी सारी बेड़ियाँ टूट गई हैं।

उनकी गर्दन के इर्द-गिर्द तुम्हारी सारी बेड़ियाँ, मैं यीशु मसीह के नाम पर पिघलने की आज्ञा देता हूँ। उनके जीवन के प्रति तुम्हारी सारी लत और जुनून, वे सारी चीज़ें जो तुमने उनके इर्द-गिर्द लाकर रखी हैं, तुम उन्हें चीज़ों में लुभाते हो। तुमने जल्दी, जल्दी, जल्दी, जल्दी, जल्दी, जल्दी, उनके जीवन में आँसू बोना शुरू कर दिया।

इस रात, परमेश्वर के वचन के द्वारा, हम इसे यीशु मसीह के नाम पर रखेंगे। पिता, आपने कहा कि मैं तुम्हें एक नया हृदय दूंगा, मैं तुम्हारे भीतर एक नई आत्मा डालूंगा। आज रात, उनका पूरा हृदय ले लो।

यीशु मसीह के नाम पर इसे उखाड़ फेंको। आज रात उनके और साँपों के बीच दुश्मनी पैदा करो। अभी उनके बीच दुश्मनी पैदा करो।

उसने उनके सिर को कुचल दिया है। आप यीशु के नाम पर उसके सिर को कुचल देंगे। आज रात की इस सभा से, आज रात की इस सभा से, आपकी गुप्त असफलताएँ, वे क्षेत्र जहाँ आप हताहतों की तरह गिर गए, आप एक पीड़ित की तरह अपनी पीठ के बल गिर गए, प्रभु आपको आज रात यीशु के नाम पर उठाएगा।

यीशु, आज रात उनके जीवन में कदम रखिए। आज रात उनके जीवन में कदम रखिए। आज रात उनके द्वारों में कदम रखिए।

हे परमेश्वर, इस रात से अब उन पर अपनी दया का हाथ प्रबल करो। और यह बैठक चैंपियनों के उभरने का प्रतीक होगी। शैतान कहेगा, क्या यह वही लड़की नहीं है जिसे मैंने चोट पहुंचाई थी? वह कैसे एक ऐसा हथियार बन गई है जो मेरा पीछा कर रही है और मेरे राज्य को नष्ट कर रही है? तो यह यीशु के नाम पर होगा।

अब आपके जीवन में यह शक्ति आएगी कि आप जाकर कहें कि अब और कुछ नहीं। मैं कहता हूँ कि यीशु के नाम पर आपके और अधर्म के बीच दुश्मनी इतनी बड़ी हो जाएगी कि खाई बन जाएगी। धन्यवाद, पिता।

वे लंगड़े होकर आए थे, वे ताकतवर होकर वापस जा रहे हैं। वे कमज़ोर होकर आए थे, आप फंसे हुए वापस जा रहे हैं। वे चोटिल होकर आए थे, आप फंसे हुए वापस जा रहे हैं।

आप भ्रमित होकर, बिखरे हुए आए थे, लेकिन आप वापस आ रहे हैं, आप वापस आ रहे हैं। आप यीशु के नाम पर, ध्यान के साथ, शक्ति के साथ, विजय के साथ वापस आ रहे हैं। आपके जीवन पर शैतान का हर हस्ताक्षर, यीशु के नाम पर समाप्त हो जाएगा।

शत्रु ने आप पर जो भी कष्ट पहुँचाया है, कोई भी कष्ट, कष्ट कभी भी दोबारा नहीं आएगा। इसलिए अब मैं आपसे कहता हूँ, आपके जीवन पर आने वाले हर कष्ट को यीशु के नाम पर अपने हाथ से सह लें। पिता, आज रात आपका धन्यवाद।

यीशु के नाम में हम प्रार्थना करते हैं।

बड़ा मौका

हम इस पुस्तक को उन लोगों के लिए एक रास्ता प्रदान किए बिना समाप्त नहीं करेंगे जो प्रभु के साथ संबंध बनाना चाहते हैं।

बड़ा मौका

हम इस शीर्षक को सीमाहीन पर तब तक समाप्त नहीं करेंगे जब तक हम उन लोगों को आज शांति बनाने का अवसर प्रदान नहीं करते जिन्होंने यीशु का सामना नहीं किया है

मुक्ति की प्रार्थना

उद्धार की प्रार्थना - परमेश्वर के साथ हमारी पहली वास्तविक बातचीत

"उद्धार की प्रार्थना" सबसे महत्वपूर्ण प्रार्थना है जो हम कभी भी करेंगे। जब हम एक ईसाई बनने के लिए तैयार होते हैं, तो हम परमेश्वर के साथ अपनी पहली वास्तविक बातचीत करने के लिए तैयार होते हैं, और ये इसके घटक हैं:

- हम स्वीकार करते हैं कि यीशु मसीह परमेश्वर है; वह इस पृथ्वी पर मनुष्य के रूप में आया ताकि वह पाप रहित जीवन जिए जिसे हम नहीं जी सकते; वह हमारे स्थान पर मरा, ताकि हमें वह दण्ड न भुगतना पड़े जिसके हम पात्र हैं।
- हम अपने पिछले पापमय जीवन को स्वीकार करते हैं - अपने लिए जीना और परमेश्वर की आज्ञा का पालन न करना।

- हम स्वीकार करते हैं कि हम यीशु मसीह पर अपने उद्धारकर्ता और प्रभु के रूप में भरोसा करने के लिए तैयार हैं।
- हम यीशु से प्रार्थना करते हैं कि वह हमारे हृदय में आये, वहाँ निवास करे, और हमारे द्वारा जीवन जीना आरम्भ करे।

उद्धार की प्रार्थना - यह ईश्वर में विश्वास से शुरू होती है

जब हम उद्धार की प्रार्थना करते हैं, तो हम ईश्वर को यह बताते हैं कि हम मानते हैं कि उनका वचन सत्य है। उसने हमें जो विश्वास दिया है, उसके द्वारा हम उस पर विश्वास करना चुनते हैं। बाइबल हमें बताती है कि " *विश्वास के बिना उसे प्रसन्न करना असंभव है, क्योंकि जो ईश्वर के पास आता है, उसे विश्वास करना चाहिए कि वह है, और वह उन लोगों को प्रतिफल देता है जो परिश्रम से उसके खोजी हैं*" (इब्रानियों 11:6)।

इसलिए, जब हम प्रार्थना करते हैं, ईश्वर से उद्धार के उपहार के लिए पूछते हैं, तो हम यह स्वीकार करने के लिए अपनी स्वतंत्र इच्छा का प्रयोग कर रहे होते हैं कि हम उस पर विश्वास करते हैं। विश्वास का यह प्रदर्शन ईश्वर को प्रसन्न करता है, क्योंकि हमने उसे जानने के लिए स्वतंत्र रूप से चुना है।

उद्धार की प्रार्थना - अपने पापों को स्वीकार करना

जब हम उद्धार की प्रार्थना करते हैं, तो हम स्वीकार करते हैं कि हमने पाप किया है। जैसा कि बाइबल सभी के बारे में कहती है, केवल मसीह को छोड़कर: " *क्योंकि सब ने पाप किया है और*

परमेश्वर की महिमा से रहित हैं" (रोमियों 3:23)।

पाप करना बस लक्ष्य से चूक जाना है, जैसे कि एक तीर जो ठीक निशाने पर नहीं लगता। परमेश्वर की महिमा जिससे हम चूक जाते हैं, वह केवल यीशु मसीह में ही पाई जाती है: " *क्योंकि परमेश्वर ही है जिसने अंधकार में से ज्योति को चमकने की आज्ञा दी, और जो हमारे हृदयों में चमका कि परमेश्वर की महिमा की पहचान की ज्योति यीशु मसीह के चेहरे से दे*" (2 कुरिन्थियों 4:6)।

तो, उद्धार की प्रार्थना यह स्वीकार करती है कि यीशु मसीह ही एकमात्र मनुष्य है जो कभी पाप के बिना रहा। " *क्योंकि उसने जो पाप से अज्ञात था, उसे हमारे लिये पाप ठहराया, कि हम उसमें होकर परमेश्वर की धार्मिकता बन जाएँ*" (2 कुरिन्थियों 5:21)।

उद्धार की प्रार्थना - मसीह को उद्धारकर्ता और प्रभु
के रूप में विश्वास करना मसीह को हमारी पूर्णता का मानक मानक मानते हुए, हम अब प्रेरित यूहन्ना के साथ सहमत होते हुए, उनमें ईश्वर के रूप में विश्वास को स्वीकार कर रहे हैं कि: " *आदि में वचन (मसीह) था, और वचन परमेश्वर के साथ था, और वचन परमेश्वर था। वह आदि में परमेश्वर के साथ था। सब कुछ उसी के द्वारा उत्पन्न हुआ, और जो कुछ उत्पन्न हुआ है, उसमें से कुछ भी उसके बिना उत्पन्न नहीं हुआ* " (यूहन्ना 1:1-3)।

क्योंकि परमेश्वर केवल एक पूर्ण, पापरहित बलिदान को स्वीकार कर सकता था, और क्योंकि वह जानता था कि हम इसे संभवतः

पूरा नहीं कर सकते, इसलिए उसने अपने पुत्र को हमारे लिए मरने और अनन्त मूल्य चुकाने के लिए भेजा। " *क्योंकि परमेश्वर ने जगत से ऐसा प्रेम रखा कि उसने अपना एकलौता पुत्र दे दिया, ताकि जो कोई उस पर विश्वास करे, वह नाश न हो, परन्तु अनन्त जीवन पाए।* " (यूहन्ना 3:16)।

मुक्ति की प्रार्थना - इसे अभी कहो और इसका अर्थ समझो!

क्या आप अब तक पढ़ी गई हर बात से सहमत हैं? अगर आप सहमत हैं, तो यीशु मसीह में अपना नया जीवन शुरू करने के लिए एक पल भी इंतज़ार न करें। याद रखें, यह प्रार्थना कोई जादुई फ़ॉर्मूला नहीं है। आप बस अपने दिल की बात भगवान से कह रहे हैं। हमारे साथ यह प्रार्थना करें:
"पिता, मैं जानता हूँ कि मैंने आपके नियमों को तोड़ा है और मेरे पापों ने मुझे आपसे अलग कर दिया है। मैं सच में क्षमा चाहता हूँ, और अब मैं अपने पिछले पापपूर्ण जीवन से दूर होकर आपकी ओर मुड़ना चाहता हूँ। कृपया मुझे क्षमा करें, और मुझे फिर से पाप करने से बचने में मदद करें। मेरा मानना है कि आपका पुत्र, यीशु मसीह मेरे पापों के लिए मरा, मृतकों में से पुनर्जीवित हुआ, जीवित है, और मेरी प्रार्थना सुनता है। मैं यीशु को अपने जीवन का प्रभु बनने, आज से मेरे दिल में शासन करने और राज करने के लिए आमंत्रित करता हूँ। कृपया मुझे आपकी आज्ञा मानने और अपने शेष जीवन में आपकी इच्छा पूरी करने में मदद करने के लिए अपनी पवित्र आत्मा भेजें। यीशु के नाम में मैं प्रार्थना करता हूँ, आमीन।"

उद्धार की प्रार्थना - मैंने यह प्रार्थना की है; अब क्या?

यदि आपने उद्धार की यह प्रार्थना सच्चे विश्वास और हृदय से की है, तो आप अब यीशु के अनुयायी हैं। यह एक तथ्य है, चाहे आप कुछ अलग महसूस करें या न करें। धार्मिक प्रणालियों ने आपको यह विश्वास दिलाया होगा कि आपको कुछ महसूस करना चाहिए - एक गर्म चमक, एक झुनझुनी, या कोई अन्य रहस्यमय अनुभव। तथ्य यह है कि, आप ऐसा कर सकते हैं या नहीं भी कर सकते हैं। यदि आपने उद्धार की प्रार्थना की है और इसे गंभीरता से लिया है, तो आप अब यीशु के अनुयायी हैं। बाइबल हमें बताती है कि आपका शाश्वत उद्धार सुरक्षित है! " *कि यदि तुम अपने मुँह से प्रभु यीशु को स्वीकार करो और अपने हृदय से विश्वास करो कि परमेश्वर ने उसे मरे हुओं में से जिलाया है, तो तुम बच जाओगे*" (रोमियों 10:9)।

परमेश्वर के परिवार में आपका स्वागत है! हम आपको अब एक स्थानीय चर्च खोजने के लिए प्रोत्साहित करते हैं जहाँ आप बपतिस्मा ले सकते हैं और परमेश्वर के वचन, बाइबल के माध्यम से उसके ज्ञान में बढ़ सकते हैं।

आप हमारी साइट www.otakada.org पर भी जा सकते हैं जो आपको मसीह में विकसित होने और बढ़ने में मदद करेगी।

डिस्कवरी बाइबल अध्ययन में इस लिंक का उपयोग करके स्वयं यीशु की खोज करें।

https://www.otakada.org/dbs-dmm/

40 दिन की शिष्यता यात्रा

https://www.otakada.org/get-free-40-days-online-discipleship-course-in-a-journey-with-jesus/ के माध्यम से अपनी गति से 40-दिवसीय यात्रा ऑनलाइन शुरू कर सकते हैं

या

आज ही यीशु के साथ व्यक्तिगत शिष्यत्व के सन्दूक में शामिल हों:

टेलीग्राम चैनल

https://t.me/holyghostschooldiscipleship

व्हाट्सएप चैनल

https://whatsapp.com/channel/0029VaV4S1nL7UVSD6UDVD36

यदि आपको मार्गदर्शन की आवश्यकता हो तो
info@otakada.org पर ईमेल भेजें
प्रभु आपके जीवन को विस्तृत करें और आपको आनंद, शांति, प्रेम और सद्भाव से भर दें जो केवल वही दे सकता है, आमीन

शालोम!

Otakada.org टीम

www.ingramcontent.com/pod-product-compliance
Lightning Source LLC
LaVergne TN
LVHW010834051026
849532LV00007B/2696